INTERNET
DE LAS COSAS

INNOVANT PUBLISHING
SC Trade Center: Av. de Les Corts Catalanes 5-7
08174, Sant Cugat del Vallès, Barcelona, España
© 2021, Innovant Publishing
© 2021, Trialtea USA, L.C.

Director general: Xavier Ferreres
Director editorial: Pablo Montañez
Coordinación editorial: Adriana Narváez
Producción: Xavier Clos

Diseño de maqueta: Oriol Figueras
Maquetación: Mariana Valladares
Redacción: Sergio Canclini
Edición: Ricardo Franco
Corrección: Karina Garofalo
Ilustración: Roberto Risorti (pág. 37, 92, 93, 118 y 119)
Créditos fotográficos: "Smart technology modern city communication
graphic" (©Shutterstock), "Smart city things icons mesh on"
(©Shutterstock), "This illustration represents cartwright first power"
(©Shutterstock), "Factory workers" (©Shutterstock), "Terrassa spainmarch
19 2019 first programmable" (©Shutterstock), "Industrial revolution
stages steam power cyber" (©Shutterstock), "Businessman holding hand
tablet global connection" (©Shutterstock), "Seoul, South Korea - 07
Feb 2017: The art wax of Steve Jobs" (©Shutterstock), "Prague, Czech
Republic - Aug 6, 2017: iPhone (2007)" (©Shutterstock), "Silhouette
global business meeting infographic" (©Shutterstock), "IoT-Internet
Thing Concept multichannel online" (©Shutterstock), "Learning icons
set collection controlling board" (©Shutterstock), "Internet Things
Concept many different symbols" (©Shutterstock), "Smart city abstract
dot point connect" (©Shutterstock), "Waiter hand holding empty digital
tablet" (©Shutterstock), "Smart city concept different icon elements"
(©Shutterstock), "Parking lots available space display counter"
(©Shutterstock), "New shirt RFID sticker tag represent" (©Shutterstock),
"RFID hard tag isolated shoplifting antitheft" (©Shutterstock), "Smart
home automation concept icons showing" (©Shutterstock), "Smart
home appliances on tablet PC" (©Shutterstock), "Woman using
Smartphone subway train metro" (©Shutterstock), "Concept face
recognition software hardware" (©Shutterstock), "Robotic vacuum cleaner
on carpet cozy" (©Shutterstock), "Smart lock concept clipping path
original" (©Shutterstock), "Smart watch showing heartbeat monitor on"
(©Shutterstock), "Collage microcontroller board display sensor button"
(©Shutterstock), "Brest Belarus August 22 2017 Arduino" (©Shutterstock),
"Silhouette hacker on graphic user interface" (©Shutterstock), "Domino
organization risk" (©Shutterstock), "Stealing credit card through
laptop concept" (©Shutterstock), "Keyboard labeled button privacy
policy" (©Shutterstock), "Wooden block lock graphic on computer"
(©Shutterstock), "Data protection privacy concept GDPR" (©Shutterstock),
"Find weak spot 3D illustration" (©Shutterstock), "5G smart network
connection technology concept" (©Shutterstock), "Security concept lock
on digital screen" (©Shutterstock), "Data protection regulation GDPR
cyber security" (©Shutterstock), "Profile young man mental activity brain"
(©Shutterstock)

ISBN: 978-1-68165-880-3
Library of Congress: 2021933854

Impreso en Estados Unidos de América
Printed in the United States

ÍNDICE

7   Introducción

09 ¿Internet de las cosas?
    De la Industria 1.0 a la 4.0
    Internet de las Cosas: un nuevo concepto
    ¿Cómo nació «Internet de las Personas»?
    ¿Cómo nació «Internet de las Cosas»?
    Las olas de internet

29 Conectando a las cosas con las cosas
    ¿Qué capacidades deben tener las cosas para integrarse
    al IoT?
    ¿Qué da soporte a estas capacidades del IoT?

39 Conexión e interacción con el entorno

47 IoT en la vida diaria
    La ciudad, el transporte y la vigilancia
    Salir de compras
    En el hogar
    La salud: nuestro cuerpo
    Conceptos clave

81 Gestionar los riesgos
    ¿Qué es un riesgo?
    ¿Cómo manejamos los riesgos?
    Identidad
    Privacidad
    Vulnerabilidades

97 Retos y desafíos del IoT
    El reto de la ciberseguridad
    Conclusiones

112 Glosario

114 Bibliografía recomendada

INTRODUCCIÓN

La tecnología ha experimentado un quiebre luego de un crecimiento exponencial que tuvo lugar en las últimas décadas del siglo xx y las primeras del siglo xxi. Desde la denominada Industria 1.0, con la aparición de la maquinaria para fabricación industrial y los equipos impulsados por vapor de agua, hasta la Industria 4.0 en pleno siglo xxi han pasado algo más de doscientos años. Los cambios ocurridos en los hábitos, costumbres, creencias y formas de ejecutar las cosas nos llevan a vivir un momento único, que no solo está dado por una vertiginosa velocidad, sino además por la penetración de la tecnología en los ámbitos más insospechados de nuestra vida, como el cuerpo humano. La tecnología es parte ya de la vida cotidiana y por eso debemos conocerla, comprenderla y, sobre todo, saber respetarla para sacar el mayor provecho, minimizando los riesgos. La historia nos ayudará a comprender el hoy y a inferir nuestro comportamiento futuro para hacer un correcto uso de los dispositivos en general, y al mismo tiempo defender nuestra privacidad y confidencialidad.

Estamos frente a la red social más potente aún no desarrollada, la Red Social de las Cosas, que viene a complementar las Redes Sociales de las Personas, como Facebook, Instagram, LinkedIn, WhatsApp y decenas más que usamos en forma diaria como si siempre hubieran estado ahí. Una vez más, la realidad ha superado cualquier ficción.

Abordaremos el concepto y la concepción del Internet de las Cosas, pasando por su uso, atributos y características principales. También, analizaremos las fortalezas, debilidades, oportunidades, riesgos y amenazas que conlleva, con el propósito de incorporar esta tecnología de una manera consciente y segura a nuestras vidas.

Al finalizar la lectura, los lectores habrán ingresado de lleno en la Era 4.0 del Internet de las Cosas, que inconscientemente ya usaban, solo que tal vez no se habían percatado de ello.

¿INTERNET DE LAS COSAS?

A qué llamamos IoT

¿Qué es la «Industria 4.0» o, simplemente, la
«Era 4.0» de las grandes revoluciones tecnológicas
de la humanidad? Continuidad y crecimiento
exponencial de la evolución tecnológica.

DE LA INDUSTRIA 1.0 A LA 4.0

A finales del siglo xviii, hacia el año 1784, apareció el primer telar mecánico y con él, un conjunto de transformaciones económicas, tecnológicas y sociales, único para la historia de la humanidad hasta ese momento, que pasó de una economía rural basada fundamentalmente en la agricultura y el comercio a una economía de carácter más urbano, industrializada y mecanizada. Esta fue la Primera Revolución Industrial, denominada «Industria 1.0».

Pasaron casi cien años cuando irrumpió una nueva revolución, un nuevo salto tecnológico que cambió las formas de hacer las cosas hasta ese momento. Llegamos a 1870. Apareció entonces la línea de producción en serie y el proceso de industrialización avanzó cambiando el modelo de crecimiento económico. Las innovaciones ocuparon una posición central y aparecieron nuevas fuentes de energía, como el gas, el petróleo y la electricidad, así como nuevos materiales, nuevos sistemas de transporte (el automóvil, el avión) y de comunicaciones, como la radio y la telefonía. Todo esto indujo transformaciones que, por efecto dominó, impactaron directamente en el trabajo, en el sistema educativo y en el científico, así como en la gestión de las empresas, en la administración y organización del trabajo, en el consumo y, consecuentemente, en la política. Fue la Segunda Revolución Industrial, también denominada «primera globalización», que impulsó una progresiva internacionalización de la economía.

Transcurrido otro siglo (y dos guerras mundiales), tuvo lugar el tercer quiebre tecnológico en esta historia de la humanidad. Sus inicios datan de mediados del siglo xx, y si bien no hay consenso en una fecha concreta, algunos hitos claramente señalaron el inicio de la Era de la Información, como se la suele denominar.

La Tercera Revolución Industrial asentó y fortaleció la globalización, liderada por Estados Unidos, Japón y la Unión Europea. El hito que marcó su inicio en 1969 fue la invención del controlador lógico-programable (Programmable Logic Controller o PLC), un computador específico para la automatización industrial, diseñado para múltiples señales de entrada y salida, utilizado en las líneas de montaje, entre otras aplicaciones. Además, en esa misma

El primer telar de Cartwright, que facilitó el proceso de construcción de dibujos en la tela.

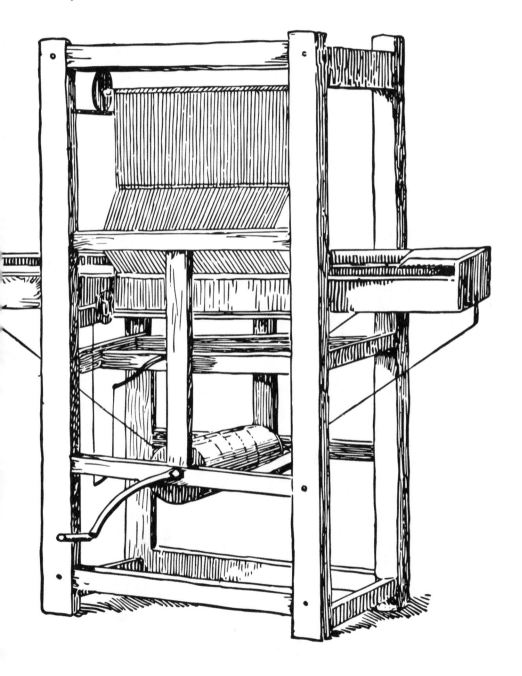

Línea de producción.

PLC Modicon modelo 584
de la década de 1980, en el
Museo Nacional de Ciencia
y Tecnología de Cataluña.

década, internet (también bautizada «la Red de Redes») era liberada por el gobierno de Estados Unidos y se abría al mundo universitario, el primer paso hacia la expansión comercial que sobrevendría décadas más tarde.

De esta manera, en las últimas décadas del siglo XX pasamos de la radio y la televisión en blanco y negro a la TV color, del *magazine* y el casete al CD y luego al *pendrive*; de los rollos fotográficos a las tarjetas SD y microSD; del video VHS al DVD; de los discos de vinilo al CD, pasando por el MP3, para aterrizar en Spotify; de las postales obligadas en las vacaciones a los *mails*, y luego a las fotografías publicadas en tiempo real en Facebook o Instagram; de las llamadas telefónicas de larga distancia a las videoconferencias por WhatsApp, y de la telefonía móvil al *smartphone*... todo en menos de cuarenta años.

Llegamos a la actualidad casi sin darnos cuenta de que pasamos de la inexistencia de una red de energía eléctrica a una total dependencia de ella. Ahora sí, ingresamos de lleno en la Cuarta Revolución Industrial o Era 4.0, cuando Internet de las Cosas (Internet of Things, IoT) ya es uno de sus grandes hitos e integra las tres revoluciones precedentes. Si bien existen diferentes versiones acerca de fechas y sucesos relacionados con esta era, hay coincidencia en el rango de tiempo en el cual se produjeron estos grandes cambios. Y también hay unanimidad al señalar las consecuencias de su impacto.

INTERNET DE LAS COSAS: UN NUEVO CONCEPTO

El Internet de las Cosas ha cambiado y seguirá cambiando muchos paradigmas y formas de lo cotidiano, así como a nosotros mismos. Debemos tener en cuenta el gran impacto que internet ha tenido sobre la educación, la comunicación, las empresas, la ciencia, los

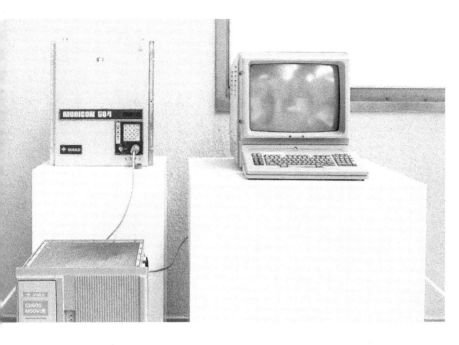

gobiernos y la humanidad entera desde su aparición comercial masiva, a partir de las décadas 1980 y 1990 del siglo xx. Sin lugar a dudas, su expansión masiva en la vida diaria de las personas es una de las creaciones más importantes y poderosas en la historia de la humanidad. En particular, su rotundo éxito se debe a su naturaleza anárquica: no hay un dueño, ni un gobierno central, ni nadie que domine internet por completo, como cualquier otro medio de difusión conocido. No profundizaremos en los orígenes de internet y su protocolo de comunicación porque no es el propósito de esta publicación; tan solo recordaremos que fue un invento militar de la Agencia de Proyectos de Investigación Avanzados de Defensa (Defense Advanced Research Projects Agency, DARPA) de Estados Unidos y que en 1969, cuando se estableció la primera conexión de computadoras –conocida como ARPANET (Advanced Research Projects Agency Network)– entre tres universidades de California, empezó a extenderse a organismos gubernamentales y redes académicas. A partir de allí, en su expansión comercial, las empresas podían sumarse siguiendo las recomendaciones RFC (*request for comments*), un conjunto de documentos que servían de referencia a la comunidad de internet, que describían, especificaban y asistían en la implementación, estandarización y discusión de la mayoría de las normas, los estándares, las tecnologías y los protocolos. Internet es el primer estándar de facto en el mundo, impuesto por la aceptación y el uso de las personas al sumarse a la red.

DE LA INDUSTRIA 1.0 A LA INDUSTRIA 4.0.

Revolución Industrial. Transformación de la industria e innovación

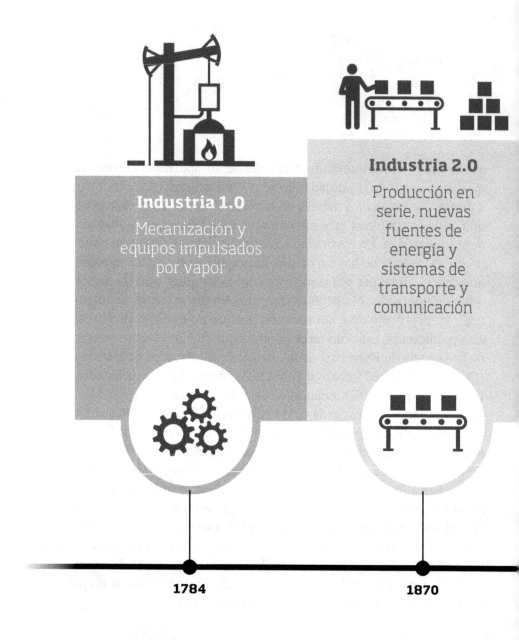

Industria 1.0
Mecanización y equipos impulsados por vapor

Industria 2.0
Producción en serie, nuevas fuentes de energía y sistemas de transporte y comunicación

1784

1870

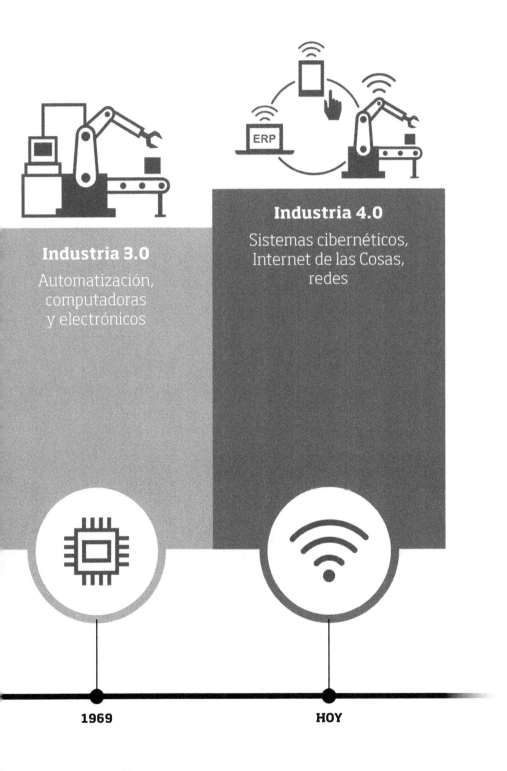

La web conectó a las personas y se ha convertido en sinónimo de internet.

Podemos concluir, entonces, que entendemos a internet como la autopista, la infraestructura y el transporte de lo que deseamos y la tecnología nos permite transportar por ella. En sus inicios, en las décadas de 1970 y 1980, eran solo datos, textos y alguna pequeña imagen, mientras que ahora son imágenes y videos de alta definición (HD), archivos de diversos tipos y hasta «cosas» que en cualquier otro lado podemos materializar con una impresora 3D.

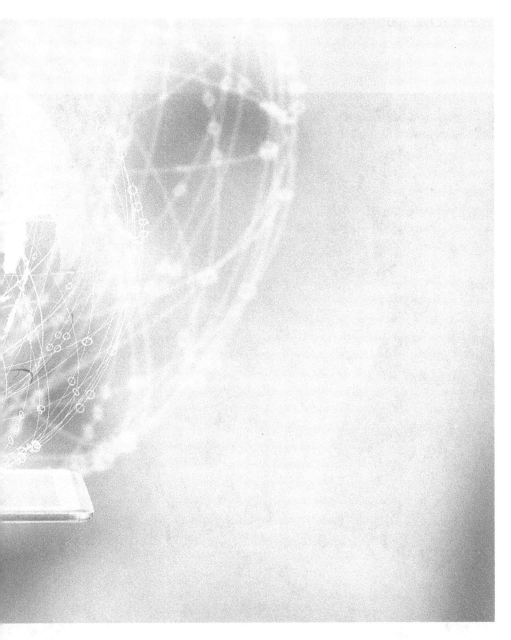

¿CÓMO NACIÓ «INTERNET DE LAS PERSONAS»?

Dentro de internet, uno de los servicios que más éxito han tenido es la World Wide Web (www, o «la web»), hasta tal punto que es usado como sinónimo de *internet*. La web introdujo el concepto de hipertexto, que permite «saltar» de una página a otra simplemente haciendo clic en una palabra o imagen.

El primer iPhone: su lanzamiento
fue presentando por Steve Jobs
(1955-2011) en 2007.

Obviaremos los impresionantes saltos y la evolución exponencial de la tecnología en las primeras décadas del siglo XXI para centrarnos en el mundo de los teléfonos inteligentes o *smartphones* y sus *app* (contracción de *application*, «aplicación»), que son programas informáticos diseñados para realizar una función o tarea en particular, como por ejemplo un procesador de texto, una planilla de cálculo, enviar y recibir correos, escuchar música, editar fotos, pistas de audio o videos, consultar el clima, etcétera.

Y de las *apps* pasamos a las redes sociales. Estas son, simplemente, *apps* con la función de acercar a las personas, comunicarlas y conectarlas a partir de compartir vivencias a través de fotografías, videos y su ubicación geográfica, con escasos metros de error. Claro que estas hacen uso de la potencialidad que los *smartphones* o dispositivos móviles ofrecen gracias a sus cámaras o GPS para la ubicación geográfica. Y tras la viralización de las redes sociales terminamos de dar forma a lo que llamamos Internet de las Personas. Gente conectada por la autopista virtual mediante los dispositivos

Internet nos conecta en un solo lugar virtual sin importar dónde estemos en el mundo real.

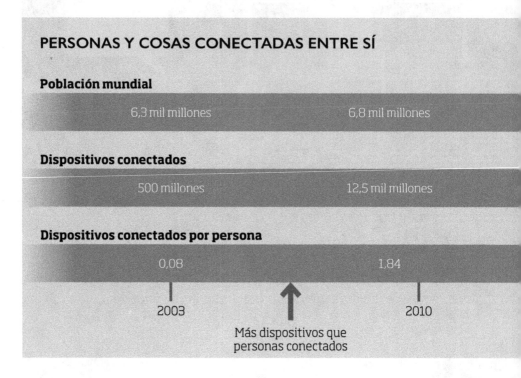

PERSONAS Y COSAS CONECTADAS ENTRE SÍ

Población mundial

6,3 mil millones — 6,8 mil millones

Dispositivos conectados

500 millones — 12,5 mil millones

Dispositivos conectados por persona

0,08 — 1,84

2003 — 2010

Más dispositivos que
personas conectados

inteligentes o móviles para poder enlazarse, vincularse, conectarse. Estas *apps* –y los dispositivos que las alojan– aprovechan los sentidos de la vista, el oído y el tacto, y próximamente, en otro salto cuántico en la tecnología, serán incluidos el gusto, el olfato y las texturas. Así, con todos nuestros sentidos, seremos capaces de estar donde queramos, con quien queramos, en el ambiente y el clima preferidos, estando a solas con nuestro dispositivo móvil.

¿CÓMO NACIÓ «INTERNET DE LAS COSAS»?

Este concepto refiere a la interconexión de cosas u objetos cotidianos con internet y a su interacción entre sí utilizando internet como vía de transporte. Se trata de todas las cosas que podamos imaginar con unos pocos atributos básicos para que puedan ingresar en el mundo del IoT. Este último término fue surgiendo en diferentes ámbitos, sobre todo el académico, como el Instituto de

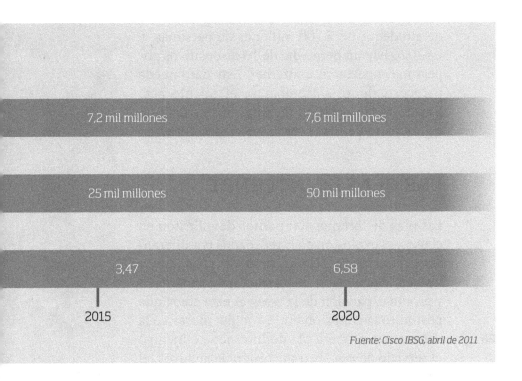

7,2 mil millones   7,6 mil millones

25 mil millones   50 mil millones

3,47   6,58

2015   2020

Fuente: Cisco IBSG, abril de 2011

Tecnología de Massachusetts (MIT). Allí lo adoptó Kevin Ashton, en 1999, cuando se realizaban investigaciones en el campo de la identificación por radiofrecuencia en red (RFID) y tecnologías de sensores, y se volvió popular cuando se conectaron a internet más «cosas u objetos» que personas.

Hacia 2003 había aproximadamente 6.300 millones de personas en el planeta y 500 millones de dispositivos conectados a internet, lo cual da una tasa de mucho menos que un dispositivo (0,08) por persona. Luego de la presentación de Steve Jobs del primer iPhone, en 2007, el crecimiento de los *smartphones* fue explosivo, y hacia 2010 la cantidad de dispositivos conectados a internet se elevó a 12.500 millones, en tanto que la población mundial aumentó a 6.800 millones. Por primera vez en la historia, el número de dispositivos conectados por persona era superior a 1 (1,84 para ser exactos).

Según el Grupo de Soluciones Empresariales basadas en Internet (Internet Business Solutions Group, IBSG), de la empresa Cisco, se estima que IoT «nació» en algún punto entre 2008 y 2009. Diferentes consultoras coinciden en que la población mundial es de alrededor de 7.700 millones de personas, y en 2020 hay un promedio de 10 dispositivos por persona conectados a internet. Este dato puede parecer exiguo, sin embargo, el cálculo está basado en la población mundial en su conjunto, y gran parte de ella no está conectada a internet.

LAS OLAS DE INTERNET

Las olas de internet son puntos de inflexión en el uso y la explosión de la red, dados por diferentes circunstancias. Como vimos, el primer gran hito en la evolución de internet fue la aparición y pronta expansión de la www. A esta etapa que posibilitó la conexión entre computadoras se la denomina «primera ola de Internet», e incluyó el servicio de *mail*, la transmisión de archivos, el chat (IRC) y la mensajería. Otro gran salto fue la integración de diversos dispositivos (reproductores de música, teléfonos y agendas) en los *smartphones* y aparatos móviles, que facilitó el mayor acercamiento de las personas, con servicios como videoconferencia, telefonía vía internet y la aparición de la TV sobre internet (IPTV). A esta etapa de conectar a las personas entre sí se la suele denominar «segunda ola de Internet», a partir de la aparición de los teléfonos inteligentes y los dispositivos móviles. En la actualidad vivimos la «tercera ola», con la integración, automatización e hiperconectividad de las cosas a internet y de estas entre sí.

En esta nueva ola, como en las anteriores, hay nuevos paradigmas que adoptar, y nuevos atributos, características o «inteligencia» que estas cosas deben poseer para poder ingresar en el mundo del IoT.

CONECTANDO A LAS COSAS CON LAS COSAS

Automatización y determinismo del IoT

Para que las cosas «hablen» entre sí deben estar dotadas de ciertas características especiales, que ya están disponibles en el entorno actual. Solo es cuestión de mayor perfeccionamiento y evolución.

Para que las cosas puedan entenderse se necesita un marco normativo común (idioma único), y lo más importante, entendimiento (análisis y toma de decisión). También deben poder indagar el medio en que están inmersas (sensores) y, ante cualquier anomalía (monitoreo y comparación), tomar alguna acción (control y actuación), de forma autónoma (automatización) y repetitiva (determinística). ¿Parece demasiado? Puede ser, pero ya lo estamos viviendo día a día.

¿QUÉ CAPACIDADES DEBEN TENER LAS COSAS PARA INTEGRARSE AL IOT?

- Idioma único: esto significa no solo que todas hablen el mismo idioma, sino que tengan también las mismas reglas para presentarse, saludarse, hablar sin interferirse y despedirse. Esto se denomina «protocolo de comunicación» y está contemplado en el TCP/IP (*transmission control protocol*) que utiliza internet. Existen otros de mayor complejidad que lo perfeccionan, para aplicaciones especiales.
- Sensores, monitoreo y comparación:
  - Los sensores son los *sentidos de las cosas*, su sensibilidad, y permiten que estas lean, identifiquen a otras, se relacionen, interactúen y entiendan el entorno. Los sensores coleccionan datos acerca de una medida en particular, como temperatura, velocidad del viento o nivel de llenado de un tanque. Esta es la primera función, indispensable para ser parte del IoT.
  - El monitoreo es la función mediante la cual brindamos un poco de inteligencia a los datos que los sensores nos aportan. Esta recolección de datos acerca de algo en particular comienza a generar un conjunto de datos históricos que, asociados a una función de monitoreo, de vigilancia y de comparación con valores conocidos, nos permite establecer umbrales de comportamiento normal. Por ejemplo, imaginemos un sensor de temperatura dentro de una cava de vinos. Si deseamos

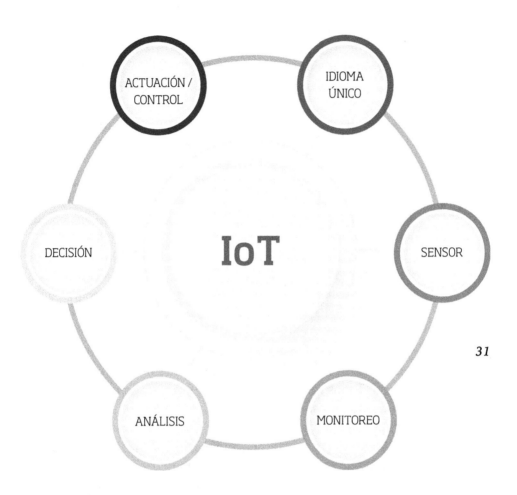

mantener esos vinos a una temperatura de entre 14 °C y 16 °C, a nuestra función de monitoreo le indicamos que cada hora le pida al sensor la temperatura y la compare con el valor mínimo (14) y el máximo (16). Si está dentro de ese rango, le solicitamos que guarde el registro en una base donde almacenaremos los datos históricos, y en caso de que esté fuera de ese rango, le pediremos que de alguna manera nos avise. Esta es otra de las funciones fundamentales para ser parte del IoT.

- En muchas ocasiones las funciones de sensor, monitoreo y comparación no están integradas dentro de la misma cosa, y se encuentran distribuidas en distintas cosas que comparten una vía de comunicación robusta.

- Análisis, toma de decisión, actuación/control: del punto anterior nos queda en el aire una pregunta: ¿cómo nos avisa? ¿Qué se hace con ese aviso? ¿Quién hace algo? Aquí aparece la tercera función fundamental del IoT: el análisis, la decisión y el control. En realidad, el análisis está muy ligado al paso anterior de monitoreo y comparación, y de hecho es la unión entre ambas funciones. Esta capacidad está dada por un programa, algoritmo o aplicación que integra esta cosa que es parte del IoT. Continuando con el ejemplo anterior, el aviso emitido por estar fuera del rango 14 °C - 16 °C puede ser un *mail*, un mensaje de texto al celular o simplemente una alarma sonora y visual. Todos serán más o menos efectivos, dependiendo de cada cuánto revisamos el *mail*, si siempre tenemos el celular encima o si hay alguien en el lugar físico donde se encuentra la cava. Este aviso puede ser totalmente inútil si no tenemos la capacidad de respuesta y corrección en un tiempo prudencial, que haga que nuestros vinos no sufran y sean afectados. Entonces, ¿qué nos está haciendo falta? El control.

Imaginemos que, en lugar de vinos y temperatura, hablamos de personas y latidos del corazón; resulta mucho más obvia la urgencia de responder de forma casi inmediata ante una medición fuera de un rango estipulado. Depende de varios factores del contexto hasta dónde puede ser útil un simple aviso sin su corrección, y por eso el control y la toma de acciones correctivas pueden ser casi tanto o más importantes que haber descubierto la falla. En este caso, dotaremos a la cosa de un actuador, un dispositivo que nos permita ejercer una acción sobre lo que estábamos sensando y monitoreando. Así, al detectar que nuestra cava está fuera del rango 14 °C - 16 °C, simplemente daremos la orden de aumentar o disminuir la inyección de frío, según corresponda, para que vuelva a sensar al cabo de 5 minutos y, en base a ello, repita el ciclo hasta que la medición dé en el rango correcto.

Todas estas mediciones y acciones quedan grabadas en registros en nuestra base de datos históricos, para poder realizar un análisis más detallado y, dependiendo de cada cuánto suceden estos desvíos, llevar a cabo mantenimientos preventivos y predictivos de la cava.

De esta manera, dotamos a la cava (nuestra «cosa» en el ejemplo) de cierta inteligencia, ya que no solo es una nevera para vinos sino que ahora tiene la capacidad de alcanzar, todo el tiempo, el rango de temperatura deseado. Esto constituye una forma básica de inteligencia, y es la base de la automatización y el determinismo de las cosas del IoT. Esta automatización permite ejecutar procesos rutinarios, programados en el tiempo o disparados por eventos (como la salida del rango de temperatura de la cava), y arrojar siempre los mismos resultados para las mismas condiciones iniciales, es decir, que se comporten de forma determinista.

33

¿QUÉ DA SOPORTE A ESTAS CAPACIDADES DEL IOT?

Estas capacidades o funciones serían imposibles si no estuvieran soportadas o mantenidas sobre una estructura o arquitectura que posibilite su ejecución. ¿Cuál es y qué debe tener dicha arquitectura?

En primer lugar, un hardware y un software de base que permitan desarrollar dichas aplicaciones de forma confiable y segura, que brinde conectividad a internet alámbrica o inalámbrica (bastante básico) y a otros dispositivos, preferentemente de forma inalámbrica (en modalidades de wifi o Bluetooth); y la identificación del dispositivo mediante códigos estándar preestablecidos en internet (cámaras, sensores de temperatura, detectores de movimiento, etc., todos poseen su identificación), para saber no solo qué es sino también para conocer su ubicación y si está funcionando correctamente. Todo esto requiere energía para funcionar, por lo que deberá tener una fuente recargable e intercambiable,

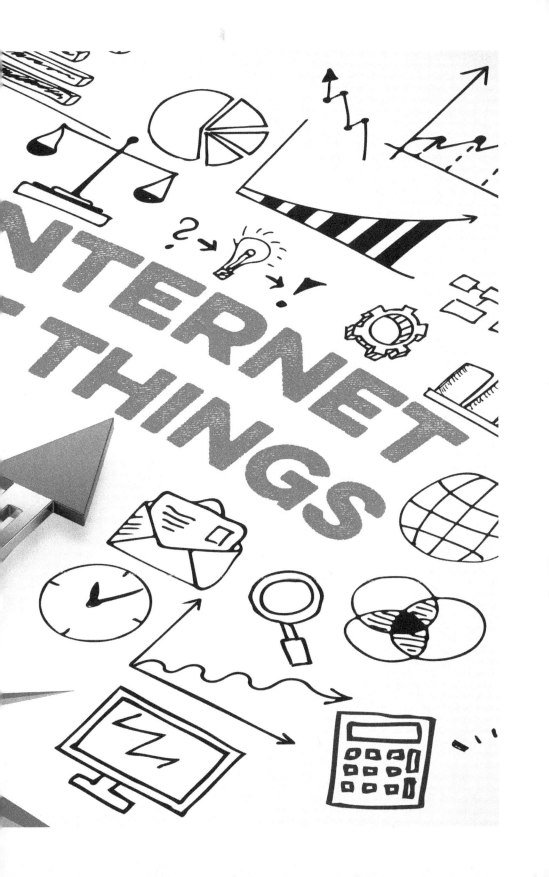

y un lugar del cual tomarla cuando sea necesario reabastecerla. También debe poder dar algún aviso de batería baja antes de apagarse, y la posibilidad de acceder a él en forma remota con el fin de supervisarlo, extraer datos, corregir su programación, gestionar su operación, o simplemente saber que está funcionando.

El futuro del IoT seguramente será «no determinista» y operará en una red abierta, como todo el ciberespacio, dentro del cual otros dispositivos y entidades autónomas, u objetos virtuales del tipo avatares, serán operables entre sí y capaces de actuar de manera independiente en función del contexto, las circunstancias o el propio ambiente. La versión industrial del IoT es conocida como IIoT (Industrial Internet of Thing) e incluye determinismo, fiabilidad, sincronismo y disponibilidad continua.

Queda claro que todo se trata de datos y del poder de análisis sobre ellos, y de cómo puedan cruzarse. Para eso apareció el Big Data, que estudia estos conjuntos de datos (estructurados o no), cuyo volumen, complejidad, variabilidad y velocidad de crecimiento en el tiempo son de magnitudes enormes, y su análisis, gestión y procesamiento se tornan imposibles de llevar a cabo con herramientas convencionales. Estos datos son colectados y aportados por millones de dispositivos IoT, por lo que no resulta difícil imaginar su evolución y la del IIoT hacia la automatización y el Big Data, donde se podrán analizar usos, costumbres y comportamiento de ciudades enteras.

CONEXIÓN E INTERACCIÓN CON EL ENTORNO

La inmediatez de la comunicación

El IoT representa la próxima gran evolución y revolución en internet por su capacidad de reunir, analizar y distribuir datos que se convertirán en información para la toma de decisiones.

El ser humano evoluciona no solo por sus inventos y descubrimientos sino también por comunicarlos, traspasar el conocimiento y perpetuarlos en el tiempo. Desde el descubrimiento del fuego pasando por la invención de la rueda, siempre la comunicación ha sido el verdadero pilar de la evolución. Por ello la aparición de la imprenta fue otro gran hito en la evolución humana, más allá de que ya existían formas similares desde antes de Cristo por parte de los romanos, y escrituras en papel de arroz por parte de los chinos.

En esta Era 4.0 y en la tercera ola de internet, la comunicación se ha convertido en instantánea. Sin importar el lugar del mundo donde estemos y dónde se desarrolle un evento deportivo, ¿cuánto demoramos en enterarnos del resultado? ¿Cuánto tardamos en conocer la noticia de último momento por un hecho ocurrido en el otro extremo del planeta? La inmediatez es posible gracias a la tecnología de internet, las aplicaciones, cosas y personas que se conectan a ella.

40

El IoT representa un enorme salto por su capacidad de reunir, analizar y distribuir datos que se convertirán en información para la toma de decisiones (humana o automatizada), luego en conocimiento y finalmente en sabiduría. Los aspectos esenciales que las cosas deben tener para pertenecer al mundo del IoT son los que se muestran en la página siguiente:

CIBERSEGURIDAD INTRÍNSECA

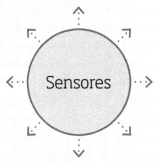

Sensores

Actuadores Control

Análisis-decisiones

Aplicaciones

Normas
Estándares
Protocolos

Monitoreo

**Fuente de
energía**

**Acceso
remoto**

Conectividad

Hardware & software de base

Identificación unívoca

PROCESO DE EVOLUCIÓN DEL CONOCIMIENTO

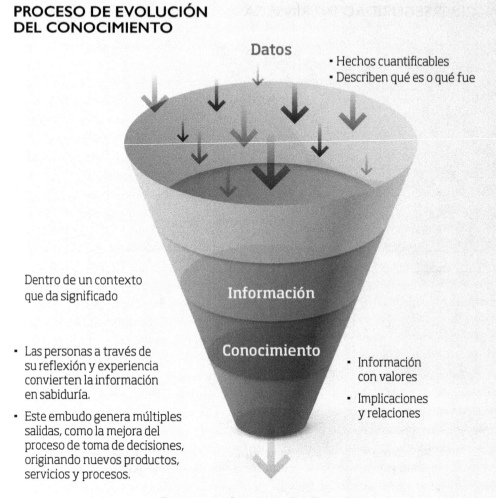

Datos
- Hechos cuantificables
- Describen qué es o qué fue

Dentro de un contexto que da significado

Información

Conocimiento

- Las personas a través de su reflexión y experiencia convierten la información en sabiduría.
- Este embudo genera múltiples salidas, como la mejora del proceso de toma de decisiones, originando nuevos productos, servicios y procesos.

- Información con valores
- Implicaciones y relaciones

Procesos de toma de decisiones

El IoT ayuda a convertir medidas en datos y estos en información, para generar un nuevo conocimiento en determinado contexto y poder alcanzar la sabiduría que nos permite cambiar de nivel. No es más que el proceso y la estructura clásica de nuestro pensamiento.

En el esquema podemos observar cómo, a través de un embudo, las medidas tomadas por los sensores se convierten en datos, y a

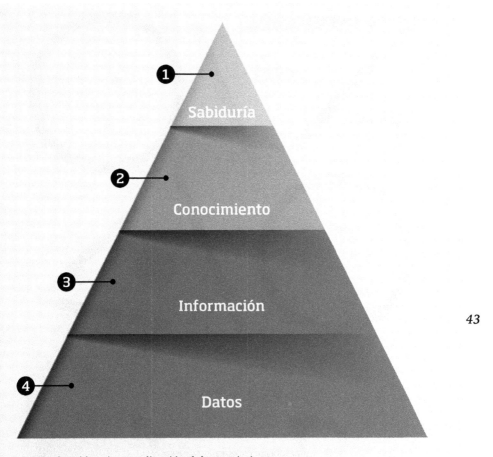

1. Evaluación e internalización del conocimiento
2. Aplicación mental de los datos y la información
3. Datos procesados para ser útiles
4. Elementos discontinuos que representan hechos

partir de ahí el proceso dado por las funciones de monitoreo y comparación, entre otras, genera aprendizaje y mayor conocimiento.

En una pirámide del conocimiento podemos asociar cada capa con su volumen: de una gran cantidad de datos (Big Data) pasamos por un proceso evolutivo hacia la información y el conocimiento, para alcanzar la sabiduría como internalización del conocimiento adquirido.

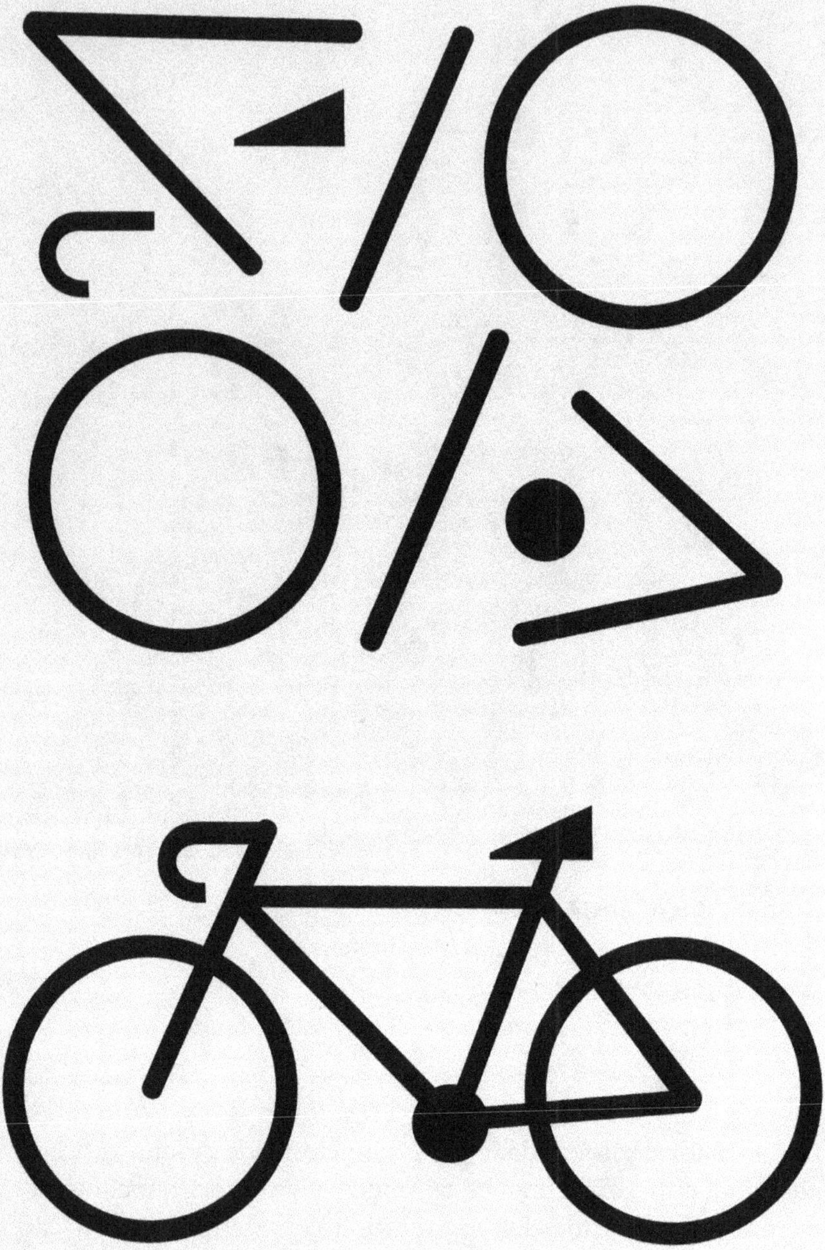

Podemos concluir que el IoT es la red de objetos físicos que se conectan a internet usando tecnologías diversas, con capacidad de conexión e interacción con el entorno, y con el poder de tomar decisiones y comunicarse con otras cosas. En una instancia superior, el denominado «Internet de Todo» (Internet of Everything, IoE) se basa en el IoT y consiste en conectar, comunicar e interactuar personas, datos, procesos y cosas, generando información y nuevos conocimientos y oportunidades para las empresas, personas, comunidades y países. Como decía Aristóteles, el todo es mayor que la suma de sus partes. La visión sistémica también nos da pautas de sinergia y holismo para concluir que el todo es más que la suma de las partes, como muestran estas figuras.

Nuestras cosas del IoT, al conectarse e integrarse entre sí, conforman un todo que adquiere propiedades distintas y superiores a la individualidad de las cosas que lo componen. Se unen para darnos información, control y toma de decisiones acerca de un sistema mayor.

45

4

IOT EN LA VIDA DIARIA

Del centro comercial al estacionamiento: la tecnología omnipresente

Las posibilidades de expansión del IoT son infinitas y solo es cuestión de madurar tecnologías y expandirlas, pues los seres humanos estamos cada día más preparados para incorporar tecnología en nuestra vida.

Al planificar el día, por lo general revisamos cómo estará el clima, el estado de la carretera o de los medios de transporte, o sea, monitoreamos, recolectamos datos, y a partir de ellos tomamos decisiones, como por dónde ir, qué medio de transporte usar, qué ropa, si llevamos paraguas o no, y demás. Estas decisiones las tomamos a partir de nuestra experiencia, de conclusiones de expertos que adoptamos, de deducciones propias y de otras circunstancias azarosas, y así armamos el día y salimos al mundo. Si en el trayecto planeado surgiera alguna alteración del plan, simplemente lo repasamos adicionando los nuevos datos y circunstancias, y volvemos a tomar nuevas decisiones. Solo se trata de repetir el ciclo de analizar datos, comparar, decidir y actuar. De la misma manera, hemos dotado al IoT con nuestros conocidos métodos a fin de que nos ayude en aquellas decisiones que son totalmente determinísticas, aprovechando que

puede recolectar y procesar gran cantidad de datos en mucho menos tiempo que nosotros. Veamos ahora esos entornos más habituales para todos y descubramos allí la presencia del IoT.

LA CIUDAD, EL TRANSPORTE Y LA VIGILANCIA

Los ciudadanos pueden incorporar el IoT al movimiento diario de una ciudad, pero cuando lo hacen los municipios o ayuntamientos empezamos a hablar de ciudades inteligentes (*smart cities*). Las cosas del IoT más comunes a incorporar en una ciudad –aunque no las veamos– son: sistema de cámaras, control de encendido de luces, gestión de semáforos, lectura de placas de vehículos, detección y multas por exceso de velocidad, información de transporte público en las paradas de buses, gestión de los contenedores de basura, entre una larga lista.

Los sistemas de cámaras de circuito cerrado de TV (CCTV) quizás sean lo más común en todas las ciudades, colocados por ciudadanos como elemento de vigilancia y seguridad en sus casas y locales, y también por los municipios o ayuntamientos. Estos sistemas varían solo en su alcance, ya sea para uso residencial o para una ciudad. Por supuesto, los costos son diferentes y esa mayor diferencia está dada por su hardware, es decir, las cámaras, la construcción de sus lentes con *zoom* óptico, la robustez para exteriores y otros atributos relacionados con su construcción. Pero las funcionalidades o la inteligencia de estos sistemas son las mismas y están disponibles dentro del IoT para uso domiciliario, ya que dependen de las *apps* asociadas. ¿Cómo es esto? Bien, aquí entramos de lleno al mundo del IoT y la potencialidad de las *apps* aplicadas a este conjunto de sensores y actuadores.

50

En un sistema de cámaras, los sensores son la cámara misma a través de sus lentes, que tiene conectividad a internet (alámbrica o inalámbrica), una identificación única dada por el fabricante y la posibilidad de ser accedida en forma remota a través de internet. Además, posee una fuente de energía, que puede ser dual (continua por baterías y alterna por la red domiciliaria) y en muchos casos puede ser energizada por el mismo cable de conectividad a la red que le brinda internet, el cual se denomina PoE (Power over Ethernet). Existe una oferta muy amplia de cámaras y funcionalidades en los sitios de venta online, como eBay, Amazon y MercadoLibre.

Pero el corazón y lo que realmente transforma a estas cámaras en inteligentes y en ser parte del IoT son las aplicaciones asociadas, que les otorgan las funcionalidades e infinitas posibilidades de tomar decisiones en base «a lo que ven». Estas *apps* permiten detectar movimiento simplemente configurando una imagen base o patrón, y definiendo cuántos píxeles deben cambiar para que se entienda como un movimiento. En esa circunstancia, la aplicación nos enviará algún tipo de aviso. De esta manera podemos detectar una intrusión o el movimiento de una persona, dependiendo de lo que estemos monitoreando. Las podemos hacer tan sensibles como deseemos, ya que la funcionalidad está en la aplicación. Incorporando un micrófono y un parlante, podemos establecer diálogo o solo enviar avisos sonoros en base al monitoreo.

Este sistema de cámaras en una ciudad puede tener una función muy completa de vigilancia, prevención y hasta ser la primera capa de reacción en apoyo a la policía: podría "seguir" a un vehículo por lectura de su placa de registro automotor e interactuar con el sistema de semáforos para gestionarlos de acuerdo con una situación de riesgo, o para dar onda verde inmediata a una ambulancia o un carro de bomberos frente a una emergencia. En muchos aeropuertos del mundo existe ya el reconocimiento facial como aplicación incorporada al sistema de cámaras, dándole una nueva utilidad, inteligencia y capacidad al IoT ya instalado.

Todas estas funcionalidades y muchas más están disponibles en cámaras de bajo costo (desde los 30 dólares), para ser usadas en el ámbito residencial, e incluso para reemplazar lo que en algún momento se llamó *baby call* (un dispositivo para vigilar a los bebés y niños cuando están en otro cuarto). Las cámaras tienen visión nocturna, gran ángulo de cobertura, posibilidad de moverse sobre su eje, micrófono y parlante, y las podemos operar y gestionar desde una *app* en el dispositivo móvil. Las aplicaciones de estos sistemas son infinitas, y más aún si las hacemos interactuar con otros sistemas, como el de semáforos, el de las luces de la ciudad, el de reconocimiento facial para personas buscadas por la justicia o para encontrar personas perdidas, el del sistema de transporte público y todo lo que la imaginación permita entrelazar.

Muchas ciudades han implementado sistemas en las paradas de autobús que informan a los pasajeros la distancia y el tiempo que demorará en llegar el próximo bus, además de describir en una pantalla LCD el recorrido y la numeración, entre otros detalles. Dentro de las ciudades, una de las «cosas» que más vemos son automóviles. Pensemos un momento en ellos: tienen múltiples sistemas para controlar el funcionamiento del motor, para su encendido, para el frenado, y para cada mecanismo, incluidas las medidas de seguridad, como ABS y *airbags*, los sistemas de transmisión, el audio, la climatización. Muchos incluyen un tablero de

La disponibilidad energética es el gran desafío del IoT y de las *smart cities*.

comando donde podemos ver el estado de estos sistemas gracias a sensores instalados especialmente, y un GPS que podemos actualizar con los mapas de las ciudades seleccionadas. Estos pueden guiarnos para ir de un lugar a otro por la carretera más corta, o por la más barata, incluso para realizar paradas intermedias, y hasta informarnos perfectamente el kilometraje a recorrer y los peajes que deberemos abonar, aunque no pueden informarnos acerca del tránsito y eventuales incidentes en el recorrido.

Existe una *app* muy difundida en el mundo, Waze, que es utilizada por conductores en todas las ciudades para conocer el estado de las diversas vías, carreteras y autopistas en tiempo real. ¿Cómo se logra eso? Gracias al famoso «el todo es mayor que la suma de sus partes», pues utiliza a cada conductor como un sensor en movimiento que le brinda los datos de velocidad en una carretera en ese preciso instante. Una aplicación lo suficientemente inteligente y rápida recolecta esos datos y los transforma en información a partir de la cual toma decisiones respecto del mejor camino a seguir entre dos puntos, en ese momento. Simplemente, imaginemos utilizar esta *app* en una hora pico en cualquier gran ciudad o en el momento de una concentración de gente por un evento deportivo, y poder tomar una decisión correcta a tiempo para eludir esos lugares, evitar demoras innecesarias, ahorrar combustible, contaminar menos la ciudad y aprovechar mejor nuestro tiempo. La genialidad de esta *app* es que cada conductor es a la vez sensor de la aplicación y usuario, minimizando tiempos y costos. El próximo paso es poder usar esta misma información asociada a los semáforos inteligentes de la ciudad y manejar los tiempos de luz verde en las vías con mayor afluente vehicular.

De manera similar, los edificios comerciales y residenciales tienen distintos sistemas de control para los ascensores, la caldera para la calefacción, la ventilación y el aire acondicionado, la telefonía, sistemas cerrados de cámaras de videovigilancia, la seguridad y la iluminación. A medida que el IoT evoluciona, estas redes y muchas otras estarán conectadas mediante la incorporación de capacidades de seguridad, análisis y administración, y hasta podrán establecer diálogos entre ellas. Esta inclusión permitirá que el IoT se convierta en una herramienta muy poderosa, que debemos aprender a usar para detectar riesgos y saber mitigarlos.

El abanico de posibilidades es infinito y mejorará la calidad de vida y la experiencia de los habitantes en una ciudad. Además, traerá aparejado ahorro de energía, de tiempo y de costos para las ciudades, que podrán hacer un mejor uso de los impuestos de los contribuyentes.

La tecnología de geolocalización también es usada para el seguimiento de vehículos de carga, transportes de caudales y automóviles oficiales de gobiernos o de empresarios, con la finalidad de tener un mayor control y mejorar la vigilancia de la seguridad que los asiste.

Muchas ciudades han empezado a incorporar el IoT en sus tareas habituales, como por ejemplo en la gestión de residuos. Los contenedores de desechos tienen sensores que informan el porcentaje de llenado, y cada día se planifica hacer la recorrida por las calles que tengan los contenedores por encima de cierto porcentaje de capacidad, y se dejan para otro momento los que están por debajo de dicha marca, ahorrando así dinero, tiempo, y minimizando la contaminación ambiental.

Siguiendo esta línea de desarrollo, las *smart cities* son aquellas que mejoran la calidad de vida de sus habitantes y visitantes. Estas persiguen la sostenibilidad ambiental utilizando infraestructura tecnológica, con la participación activa de los ciudadanos. Este concepto está relacionado con la optimización del uso de la energía y el desarrollo sostenible, por eso se utilizan energías renovables como paneles solares en las azoteas de los edificios o los sistemas de alumbrado inteligentes, que no solo controlan el encendido y apagado sino también su intensidad. Incluyen, además, aspectos más tecnológicos como la movilidad, y su principal reto es implicar activamente al ciudadano.

Un ejemplo de *smart city* es la ciudad española de Santander. No tiene grandes rascacielos ni está superpoblada. Es una bella ciudad costera, con puerto y gran desarrollo cultural, que apuesta a la tecnología para mejorar la calidad de vida de sus habitantes. Pionera en la innovación tecnológica y en la gran infraestructura desplegada, su plan estratégico utiliza más de 20.000 sensores en la ciudad para obtener datos del clima, el ambiente, el agua, la gestión de residuos y hasta los incidentes que los propios ciudadanos informan haciendo uso de una *app* en su teléfono móvil. La ciudad ha sido reinventada con la participación activa de sus propios vecinos, que crearon entornos amables para su disfrute, con un claro perfil de innovación. Pero lo más importante es que no son las cosas ni el IoT los que dan y hacen inteligente a una ciudad, sino la inteligencia de sus habitantes. Sobre una plataforma central que les permite tener una visión integral de todos los datos recolectados en la ciudad, y aplicando cada vez más la interrelación de las diversas IoT desplegadas, están creciendo y superándose día a día. Hasta los *parkings* han incorporado sensores que permiten conocer la disponibilidad de espacios antes de ingresar, a través de carteles electrónicos ubicados en las entradas.

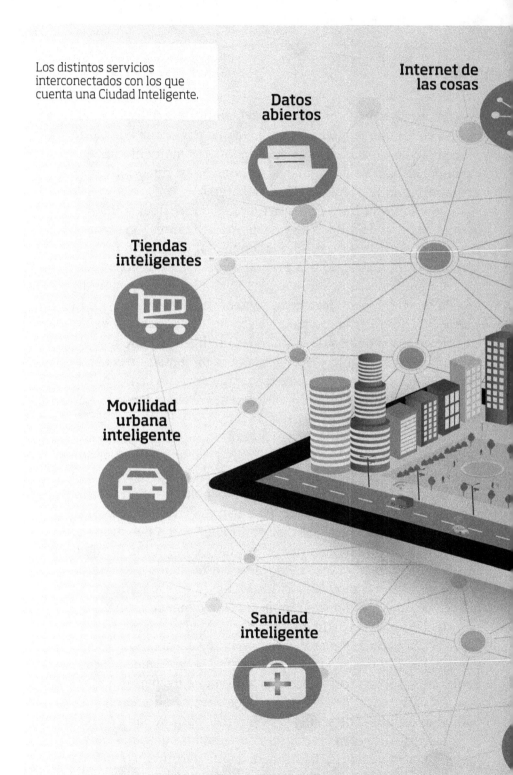

Los distintos servicios interconectados con los que cuenta una Ciudad Inteligente.

Datos abiertos

Internet de las cosas

Tiendas inteligentes

Movilidad urbana inteligente

Sanidad inteligente

Agricultura inteligente

Viviendas inteligentes

Educación

Red eléctrica inteligente

Administración inteligente

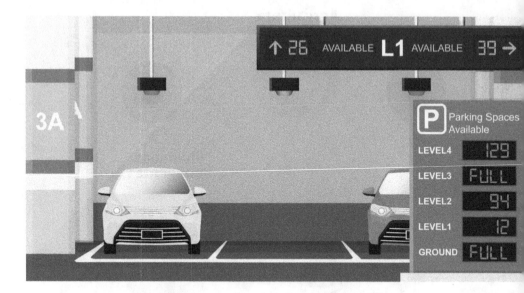

Santander Smart City forma parte del proyecto FIRE (Future Internet Research and Experimentation), que es financiado por el Programa Marco de la Unión Europea, lo que la convierte en una auténtica ciudad experimental de las nuevas tecnologías de la información, las comunicaciones y el IoT. Málaga y Barcelona son otros ejemplos de *smart cities* españolas; y en el mundo, Estocolmo, Copenhague y Singapur son pioneras en distintos proyectos de *smart city*.

SALIR DE COMPRAS

Tanto residentes como turistas siempre tienen, en toda ciudad, su «día de *shopping*» o salida de compras, y por lo general se busca comodidad y velocidad en la experiencia, sobre todo en las grandes tiendas, ya que no solo invertimos tiempo en la selección de lo que queremos adquirir sino también en las colas en los probadores y en las cajas para abonar. Las grandes tiendas se han dado cuenta de esto y, con el fin de mejorar nuestra experiencia, y reducir las posibles pérdidas de ventas por las demoras, han desarrollado nuevas formas de pago para los clientes haciendo todo mucho más ágil y, obviamente, dejándonos libres para elegir más

Información acerca de espacios disponibles
en un *parking*, diferenciada por niveles.
Se pueden observar los sensores en rojo
o verde, según corresponda.

productos. ¿Cómo lo lograron? Pues incorporando IoT a todos los productos que venden mediante una etiqueta con tecnología RFID (Radio Frequency Identification) u otra similar, la cual es utilizada para controlar el *stock* en los escaparates y efectuar el cobro inmediato en una línea de cajas, que leen el carro o cesta de compras de manera instantánea.

En estas tiendas, un robot recorre los pasillos haciendo el control de *stock* en los estantes y enviando peticiones de reposición para aquellos productos que lo necesitan. Pantallas táctiles distribuidas estratégicamente permiten ver dónde están los productos que buscamos, o bien podemos pedirlos para que los entreguen en las cajas o los envíen a domicilio. El proceso de pago consiste en acercar la cesta con los productos a un sensor que lee los RFID, los descuenta del *stock*, hace la suma y carga el costo en la tarjeta de crédito del comprador. De esta manera, los empleados pueden estar más atentos a asesorar y ayudar a los clientes en su experiencia de compra. Algunas tiendas de la cadena internacional

59

Camisa en una tienda con etiqueta blanda y flexible RFID como identificación para la venta.

Productos con etiqueta dura de RFID, cada día más en desuso.

Ahora todos los electrodomésticos vienen con conexión inalámbrica a internet (ya sea Bluetooth o wifi) y se puede descargar gratuitamente una app en el móvil para operarlos a distancia.

Decathlon ya implementaron este sistema.

Otra gran tienda virtual, que tiene casas de comida en el mundo real, ha incorporado procesos y tecnología semejantes. Nos referimos a Amazon Go, cuyo eslogan es «Consigue la comida que amas, ponte en marcha». Allí, uno simplemente toma lo que desea y se va. La experiencia de compra sin pago es posible gracias a la misma clase de tecnologías utilizadas en los automóviles sin conductor: visión por computadora, fusión de sensores e inteligencia de aprendizaje. Al ingresar a la tienda, el cliente se registra con su móvil, mostrando la pantalla de su teléfono en un lector situado en la entrada. Amazon Go denomina a esta tecnología *just walk out*, que detecta automáticamente cuándo se toman o devuelven productos a los estantes, y los guarda en un carrito virtual. El comprador recorre la tienda buscando lo que desea adquirir y lo ingresa en su bolsa o cartera, y al salir se realiza el débito en la cuenta con la cual se registró previamente. Los sensores en la salida hacen su trabajo reconociendo y cobrando los productos que están en su carro virtual. Poco después le llegará un recibo y se cargará a su cuenta de Amazon.

EN EL HOGAR

Las abuelas solían decir que la educación empieza por casa, y tenían mucha razón. Pero no solo la educación comienza por casa, sino también el desarrollo y el uso de la tecnología, que dieron sus primeros pasos como un niño, con falta de madurez pero con mucha actitud, ganas y potencialidad.

Hoy en nuestros hogares usamos dispositivos y *apps* con un alto grado de madurez, como sistemas de cámaras para vigilancia, control de luces exteriores con sensores fotoeléctricos que

Es posible operar y gestionar los electrodomésticos del hogar desde un dispositivo móvil.

Encendiendo el aire acondicionado
y controlando los electrodomésticos
camino a casa en el metro.

responden a las variaciones de la luz natural y en determinado momento encienden (o apagan) las luces exteriores de nuestro hogar y las interiores, o cambian de color las bombillas. Todo desde una *app* de nuestro teléfono móvil. Otros dispositivos se están desarrollando y crecen rápidamente, innovando en campos como la climatización, el riego por aspersión del jardín, la limpieza del hogar (como la aspiradora robot) y hasta el aseo personal (como el cepillo de dientes).

A esta altura de nuestro recorrido por el IoT ya no debería sorprendernos estar en el metro y ver, en una tarde de verano y en plena hora pico de regreso a casa, a alguien que abre una *app* y con dos toques en la pantalla enciende y configura la temperatura deseada en el climatizador de su hogar para que esté fresco a su llegada.

De igual manera podemos controlar a distancia la cafetera (cargada previamente con agua y una cápsula de café) y la lavadora (también cargada con la ropa y los productos correspondientes). Ahora todos los electrodomésticos vienen con conexión inalámbrica a internet (ya sea Bluetooth o wifi), y se pueden descargar gratuitamente *apps* en el móvil para operarlos a distancia.

Podríamos seguir describiendo artefactos de lo más variados, como neveras que avisan cuando se quedan sin leche (u ordenan su pedido) y controlan su temperatura, rastreadores Bluetooth de llaveros, timbres con video, sistemas de audio con control de música por habitación, bombillas que cambian de intensidad, aspiradoras robot y cerraduras inteligentes activadas por voz, reconocimiento facial o huella dactilar. La lista sería interminable. También sus beneficios, como el posible control del consumo de energía en el hogar, porque se puede monitorear cada electrodoméstico y su consumo individualizado, ideal para mejorar los hábitos de uso, y descubrir artefactos defectuosos o comprobar que algún electrodoméstico apagado gasta unos preciosos 20-40 watts continuos.

Acceso a un móvil por reconocimiento facial.

ASPIRADORAS INTELIGENTES

Existen diversas marcas, modelos y rangos de precios de aspiradoras inteligentes, por lo cual veremos aquellas funciones más básicas y comunes a todas. Estos robots combinan sensores de detección de obstáculos, bordes rectos, desniveles de pisos y hasta rugosidades: pueden pasar de un piso de cerámicos a otro de madera y de allí a una alfombra, y adaptar la limpieza al tipo de piso en el que se encuentre. El hecho es que, por su tamaño y gracias a la función de operación autónoma de reconocimiento de contexto, pueden limpiar debajo de muebles y sillones, donde generalmente no llegamos con las aspiradoras manuales (y no por las aspiradoras sino por nuestra cintura). Otra de las funciones interesantes es poder programar día y hora para que la aspiradora recorra el hogar (idealmente, mientras no estamos en casa), y como tiene la inteligencia de conocer la autonomía de su propia batería, vuelve a tiempo por sí sola a su base para recargarse y luego continuar el trabajo que no haya terminado. En nuestras manos quedará la tarea de vaciar el repositorio de residuos y limpiar periódicamente las ruedas de movimiento múltiple y los cepillos.

68

CERRADURA INTELIGENTE

Estas cerraduras han llegado para sustituir definitivamente a las tradicionales, solo es cuestión de tiempo. De a poco irán desapareciendo las llaves físicas para dar lugar a códigos virtuales de varios dígitos y al reconocimiento facial o por huella dactilar. Si bien las hay de diversas complejidades –y por ende, de diversos rangos de precios–, las más sencillas incorporan un pequeño teclado con un código de acceso. Las más robustas y complejas llegan a reemplazar o adicionar al teclado un lector de huella dactilar o una cámara con capacidad de reconocimiento facial. Estas dan la posibilidad de saber quién quiere acceder a nuestra casa y cuándo, ya que cada miembro de la familia posee un código diferente de acceso, y hasta permite abrir la puerta en modo remoto a quien deseemos (parientes, visitantes, repartidores, etc.), sin necesidad de dejarle las llaves a un vecino o al encargado del edificio.

Este tipo de cerraduras son muy populares en las casas y departamentos de alquiler temporal, muy utilizados por turistas

APLICACIÓN EN EL MÓVIL PARA ASPIRADORA ROBOT

El plano se va dibujando con la trayectoria de la aspiradora robot: lo pintado de verde es lo que se ha limpiado y lo blanco son los bordes que hará luego, y las patas de apoyo de los muebles que ha rodeado (mesa, sillón, sillas, etc.). El punto rojo indica en tiempo real dónde se encuentra la máquina.

Cerradura inteligente con lector de huella.

para pasar unos días en las diversas ciudades que visitan. De esta manera, los propietarios tienen un control estricto sobre los accesos, ya que programan los códigos dentro del rango de tiempo alquilado por los huéspedes, cambiándolo fácilmente y hasta en forma remota para los siguientes huéspedes. Así se facilita la gestión, ya que no es necesario moverse a cada lugar para entregar la llave, ni tampoco para abrirle al personal de limpieza o a proveedores de bienes y servicios, ya que estos poseen sus propios códigos personales y con vigencia permanente mientras sean empleados de un propietario. Las posibilidades de robustecer la vigilancia, el control de acceso y la seguridad en general del hogar o casa de campo se expanden al combinar estas cerraduras con un sistema de cámaras con detección de presencia y demás atributos que ya hemos visto. Por supuesto, debemos ser muy respetuosos de la privacidad de los ocupantes, un tema que veremos más adelante.

Los relojes inteligentes han evolucionado de tal manera y tienen precios tan accesibles que muchos deportistas amateur y cualquier persona que entrena en un gimnasio o sale a correr posee uno.

LA SALUD: NUESTRO CUERPO

Cambiemos ahora el contexto. Dejemos atrás las ciudades, el transporte y el hogar para poner el foco en nosotros mismos, en nuestra salud y en nuestro cuerpo. El primer dispositivo que se conectó a nosotros fueron los relojes inteligentes (*smart watches*). En contacto con nuestra muñeca, pueden medir el ritmo cardíaco y, gracias a un podómetro (sensor de pasos capaz de detectar el balanceo producido por cada paso que damos), combinar ambas mediciones para brindar estadísticas acerca del entrenamiento aeróbico o de una simple caminata. En su evolución, sumaron funciones para distintos tipos de entrenamientos, e incorporaron un GPS que permite medir distancias y aplicaciones especiales para deportes como la natación: detectan el estilo, cuentan las brazadas, la distancia recorrida, la frecuencia cardíaca y obtienen el índice SWOLF, que mide la eficiencia de nado (obtenida al sumar las brazadas realizadas para recorrer cierta distancia más el tiempo empleado en completarla). Su denominación proviene de la unión de las palabras *swim* y *golf*, ya que el objetivo es el mismo que en el golf: obtener una menor puntuación o hándicap.

Los relojes inteligentes han evolucionado de tal manera y tienen precios tan accesibles que muchos deportistas amateur y cualquier persona que entrena en un gimnasio, o simplemente sale a correr o caminar, posee uno y lo usa en sus actividades. Han sido incorporados a la actividad aeróbica en gimnasios y grupos que salen a correr o a caminar, ya que permiten el monitoreo en tiempo real de la salud, previenen factores de riesgo y alertan antes de que un ejercicio cause daño.

Existe una gran variedad de marcas, precios y funcionalidades en relojes inteligentes, lo cual indica claramente el alto grado de

71

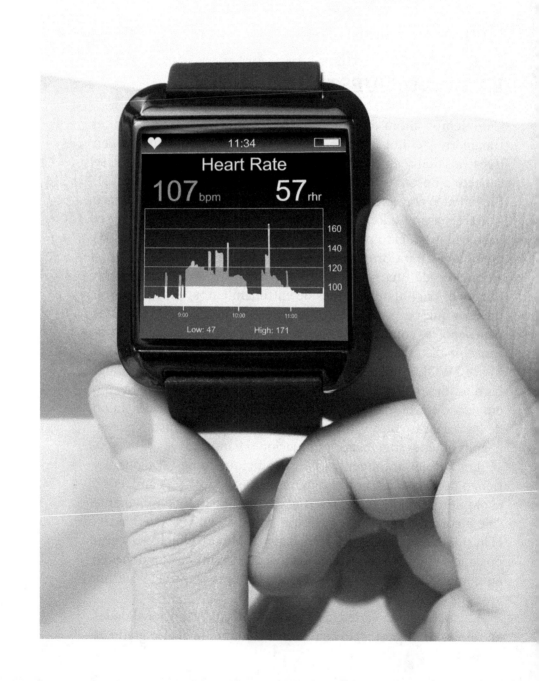

Zonas aeróbicas y de esfuerzo configuradas en un *smart watch* en base a estudios médicos personales del usuario.

madurez de estos dispositivos, que deriva en una vasta oferta de diferentes segmentaciones, como deportivos, clásicos, específicos (de navegación marítima, aeronáuticos, etc.) o simplemente decorativos. Poseen una alta calidad de resolución de pantalla, son sensibles al tacto, tienen conectividad wifi y Bluetooth, GPS, podómetro, sensor de frecuencia cardíaca, altímetro, e identifican el consumo de calorías, entre otras prestaciones, además de estar conectados al móvil y dar aviso de los mensajes recibidos en las diversas *apps*.

CEPILLOS DE DIENTES ELECTRÓNICOS

Uno de los dispositivos más llamativos que han ingresado al mundo IoT es el cepillo de dientes. ¿Cada cuánto nos lavamos los dientes? Eso pregunta el odontólogo cuando acudimos a verlo, y seguramente cada uno responderá lo que le conviene. Pero ahora el odontólogo podría consultar en una página web la información que registró un cepillo de dientes eléctrico (conectado a internet vía wifi) para saber con precisión qué pasa en nuestra boca. La frecuencia de uso, la forma y la presión en las cepilladas, el tiempo de cepillado y algún otro indicador que los odontólogos definirán como importantes serán las prestaciones mínimas de estos dispositivos. Además, mediante la tecnología de sensor de movimiento reconocerán nuestro estilo de cepillado y nos orientarán para que consigamos mejores resultados. ¿Magia? No, simplemente el IoT, que cada vez está más metido en nuestras vidas.

73

Las compañías de seguros implementan políticas saludables puertas adentro y por eso están testeando la posibilidad de hacer un seguimiento al uso del cepillo de dientes eléctrico para calcular el costo de cada póliza dental. La idea ya está instalada y no es ciencia ficción. Estamos en una etapa en la que aún existen dudas sobre la precisión de la información registrada por los relojes inteligentes y dispositivos como el cepillo de dientes, pero en

Casi cualquier dispositivo digitalizado posee, en mayor o menor medida, un microcontrolador que utiliza sensores para interactuar con el mundo físico y sobre otros componentes.

cualquier momento los especialistas en análisis de datos serán los empleados estrella de estas compañías y tendrán un impacto directo en el mundo de los seguros. Aquellos que puedan demostrar hábitos saludables conseguirán una mejor póliza. Pero ¿qué pasará con quien se niegue a compartir información de su intimidad? De esto hablaremos en la parte final de este informe.

Estos productos son considerados «de vestir» por razones obvias, pero otros dispositivos se incorporan directamente a nuestro cuerpo y realizan grandes aportes a nuestra salud, como el marcapasos o un medidor de glucosa para pacientes diabéticos. Sin duda, ambos dispositivos trabajan con un monitoreo en tiempo real y tienen la inteligencia de aplicar una acción correctiva en caso de ser necesario, acorde con la comparación de valores preestablecidos con lo que van sensando en tiempo real.

CONCEPTOS CLAVE

La gran base o sustento del IoT es su arquitectura y su hardware, compuesto por la parte dura, que soporta las aplicaciones y el software en general. Existen también dos elementos básicos con gran penetración en el mercado por su sencillez y facilidad de uso, que son soportes del hardware y disparadores de muchas nuevas ideas: los Arduinos y Raspberry. Tienen un costo accesible y gran difusión, lo cual permite tener a disposición centenares de tutoriales, ideas, desarrollos de software de código abierto para compartir, e infinitas posibilidades de uso.

Los Arduinos son placas microcontroladoras muy sencillas de programar y versátiles para interactuar con otros componentes, como sensores, pequeños motores, antenas, etc. Casi cualquier dispositivo digitalizado posee, en mayor o menor medida, un microcontrolador que utiliza sensores para interactuar con el mundo físico y sobre otros componentes. Existen en el mercado diferentes kits de Arduino que incluyen estos sensores y componentes, así como placas, cables y todo lo necesario para construir algo nuevo o transformar un viejo electrodoméstico. Además, posee una plataforma abierta de desarrollo, en la que una gran comunidad comparte su conocimiento, elabora bibliotecas de programación y publica numerosos tutoriales enfocados a distintos usos y proyectos.

Raspberry es una placa de computadora de muy bajo costo. Casi podríamos decir que es un ordenador de tamaño reducido, similar a una tarjeta de crédito. Fue desarrollada en el Reino Unido por la Fundación Raspberry PI (Universidad de Cambridge) en 2011, con el objetivo inicial de estimular la enseñanza de la informática en las escuelas. El concepto es el de un ordenador con los accesorios mínimos para su funcionamiento básico. El modelo original se hizo rápidamente más popular de lo que se esperaba, y se extendió a otros usos, como el de la robótica. No incluye periféricos (como teclado y ratón) ni carcasa. Está formado por una placa que soporta varios componentes, necesarios en un ordenador común, y es capaz de comportarse como tal. Muchos la definen como una maravilla en miniatura, que guarda en su interior un importante poder de cómputo en tamaño reducido. Su diseño incluye un procesador central, un procesador gráfico, memoria RAM, un conector de alta velocidad para redes LAN, dos puertos USB, salida de video y audio HDMI, conector de alimentación continua, un lector de tarjetas SD, y los últimos modelos incorporan conectividad vía wifi y Bluetooth.

75

Placa controladora con sensores, *display* y otros accesorios para interconectarse.

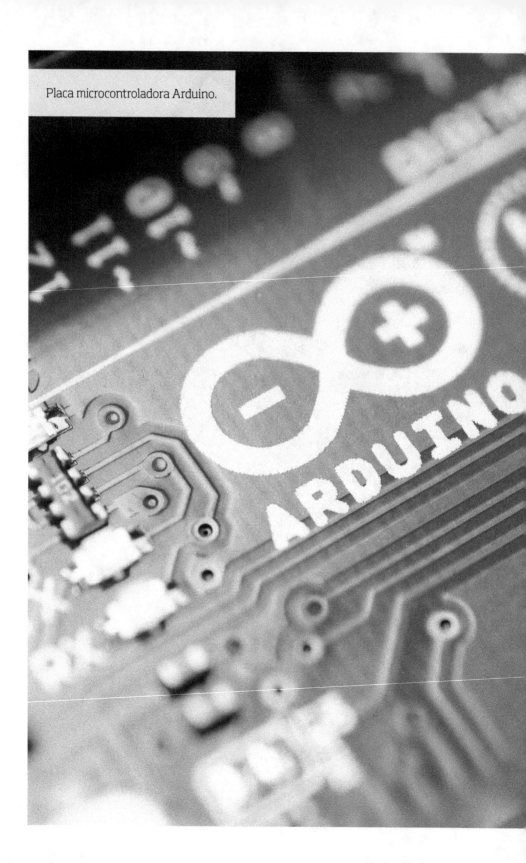
Placa microcontroladora Arduino.

GESTIONAR LOS RIESGOS

Cómo administrar
la hiperconectividad

¿Cuáles son los riesgos en el IoT y qué hacer
con ellos? Vivir hiperconectados obliga a pensar
seriamente en la ciberseguridad.

Como sucede con toda nueva tecnología, debemos adaptarnos a ella, incorporarla y usarla responsablemente. Un tema fundamental para el éxito de la tecnología y su incorporación en nuestra vida.

¿QUÉ ES UN RIESGO?

Sin entrar en tecnicismos ni en teorías profundas, diremos que el riesgo es la magnitud de los probables daños que podemos sufrir frente a una situación peligrosa. Por lo general, la noción de riesgo suele usarse como sinónimo de peligro, aunque esto no es exacto ni correcto. Además, todas las personas y las cosas somos más o menos vulnerables (susceptibles de ser lastimados o heridos de alguna manera) a ciertas amenazas, dependiendo de varios factores. El concepto puede aplicarse a una persona, a un grupo social o a una cosa, según su capacidad para prevenir, resistir y sobreponerse a un impacto. Por ejemplo, las personas que viven en ciudades a orillas de un río son más vulnerables que aquellas que habitan en lugares más altos y alejados. En el caso de las cosas, por ejemplo, una silla de plástico es claramente más vulnerable (débil) que una de madera maciza.

Hasta aquí hemos utilizado los términos *peligro, amenaza, probabilidad de ocurrencia, vulnerabilidad* y *consecuencias* e *impacto* para poder describir lo que entendemos por riesgo. Estos elementos, combinados, nos dan la magnitud del riesgo tal como lo sentimos y entendemos. Cualquier cosa que hacemos o usamos lleva asociado un riesgo, más allá de que pueda pasar inadvertido, lo consideremos insignificante o simplemente no nos importe. Por lo tanto, el riesgo está íntimamente ligado a un peligro, a una amenaza, y también a una probabilidad de ocurrencia de que ese peligro o amenaza se materialice o lleve a cabo.

Imaginemos que tenemos exactamente la misma casa en dos ciudades diferentes, y que en una de ellas es habitual que ocurran dos o tres sismos por año, y que siempre alguno sea de considerable magnitud. Es sencillo concluir que el riesgo de que se nos derrumbe la casa en esta última ciudad es mayor que en la que no se encuentra en una zona sísmica. ¿Qué usamos para llegar a esa

conclusión? Claramente, nos basamos en la estadística y de ella sacamos una probabilidad de ocurrencia de ese peligro o amenaza, que sumada a la vulnerabilidad de nuestra casa y a las consecuencias que ello acarrearía, nos da un riesgo alto de vivir allí.

¿Cómo se relaciona esto con el IoT? El hecho de hacer uso de una tecnología conlleva en sí un riesgo, que va a estar definido por el nivel de vulnerabilidad de la cosa y sus componentes, así como de nuestra capacidad en el uso y concienciación de las amenazas y peligros a que estemos expuestos, a cuán probables o frecuentes pueden ser, y al impacto o consecuencias que puedan aparejar.

Así como tomamos medidas de seguridad en el hogar y, en definitiva, mitigamos o reducimos los riesgos poniendo cerraduras en las puertas, rejas en las aberturas exteriores, portero con

Riesgo: combinación de varios
factores que incluyen la probabilidad
de que sucedan.

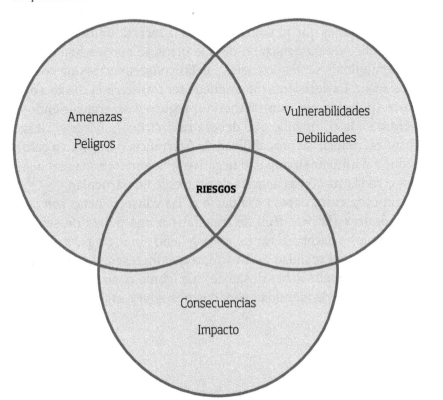

visor para saber quién llega, entre otras, de igual manera tomamos medidas de seguridad en el uso de internet, en la navegación, al usar nuestro móvil, en la cuenta de correo y, en general, con cualquier tecnología que empleemos. ¿Qué estamos protegiendo? Una de las cosas intangibles que cada día cobran más importancia: nuestra privacidad e identidad. Son dos conceptos asociados al IoT de gran relevancia para poder hacer un buen uso de la tecnología minimizando los riesgos. La ciberseguridad implica gestionar riesgos de manera eficiente, y se fortalece y construye con todas las partes de un sistema, incluidas las personas.

¿CÓMO MANEJAMOS LOS RIESGOS?

La gestión o manejo de riesgos es la manera en que procedemos y las decisiones que tomamos frente a la incertidumbre de que se materialice una amenaza, o de que otros se aprovechen de una vulnerabilidad, sabiendo cuáles son las consecuencias que podríamos sufrir. La decisión a tomar puede ser transferir el riesgo a otra parte (por ejemplo, contratando un seguro y así transfiriendo la pérdida a la compañía, que deberá resarcirnos), evitar el riesgo (esto es, reducir su probabilidad de ocurrencia o impacto a cero), reducir o mitigar su impacto negativo y, finalmente, aceptar algunas o todas las consecuencias de un riesgo en particular.

En cada caso, deberá evaluarse si las consecuencias son solo económicas (la más fácil de transferir a una póliza de seguro; por ejemplo, hacer figurar un *parking* lleno sin lugar para estacionar cuando en realidad está vacío, o que ingresen al sistema y lo dañen) o si puede haber riesgo de vida (como el marcapasos) o de imagen (robo de identidad para desprestigiar a alguien).

IDENTIDAD

Nuestra identidad es lo que nos hace únicos, el conjunto de rasgos o características que permiten distinguirnos en forma unívoca de otras personas. En internet, y en el uso del IoT, está conformada principalmente por nuestro usuario y clave, ya que es la forma en que accedemos a una aplicación, a nuestro móvil, a la cuenta de correo, a las redes sociales y al *homebanking* de nuestra cuenta bancaria. En los bancos es donde más recaudos se toman, y por eso hoy utilizan lo que llamamos doble o triple factor de autenticación. Autenticarnos es el método por el cual demostramos nuestra identidad: decimos quiénes somos y demostramos que somos quienes decimos ser. Así, al presentarnos e identificarnos frente a una aplicación, un sitio web, un *homebanking* u otra cosa del IoT tenemos que dar dos o tres pruebas de identidad, que por lo general se basan en algo que sabemos (una clave), algo que somos (huella dactilar o reconocimiento facial) y algo que tenemos (una

tarjeta de acceso, un *token* o nuestro propio móvil). Protegiendo nuestra identidad robustecemos el acceso a las redes sociales y a las cosas del IoT, como la aspiradora robot o las cerraduras del hogar. Darnos cuenta y ser conscientes de la necesidad de estas prevenciones genera cambios de actitudes y hábitos que mejoran el uso de la tecnología (seguramente muchos correrán a quitar los papelitos pegados en el monitor con la lista de claves de los lugares más habituales a los que accedemos en línea).

PRIVACIDAD

La privacidad es algo que buscamos permanentemente desde que tenemos uso de razón. Es el respeto a nosotros mismos y a nuestra intimidad como seres. Es relativa a nuestro interior, nuestros sentimientos, a la vida familiar, el círculo íntimo de amistades, los gustos y hábitos. Es todo lo que somos y deseamos mantener resguardado, para nosotros y nuestro círculo íntimo. El IoT es quizás el avance tecnológico que más ha llevado a la exposición de nuestros datos. La base del IoT son los sensores que recopilan datos, los cuales luego, bien ordenados, pueden nutrir información y seguir su curso para convertirse en conocimiento. Es decir que estos datos pueden dar a otros conocimiento sobre nuestra persona, familia y hábitos si no tomamos las medidas de protección adecuadas.

En mayo de 2018 entró en vigencia el denominado Reglamento General de Protección de Datos (General Data Protection Regulation, GDPR). Se trata de la nueva normativa que regula la protección de los datos de los ciudadanos que viven en la Unión Europea y unifica tanto los derechos como las obligaciones. Ya se ha adoptado rápidamente en todo el mundo y en ámbitos de internet. Esta normativa determina que todas las empresas, independientemente de su país de origen o actividad, deberán cumplirla si recopilan, almacenan, tratan, usan o gestionan algún tipo de dato de los ciudadanos de la Unión Europea. Es decir que Apple o Amazon –por poner ejemplos de empresas no europeas– también están sujetas a ella. Tiene tres claves principales a tener en cuenta, principalmente para quienes desarrollan e inventan dispositivos del mundo IoT:

- Consentimiento: para el tratamiento de cierto tipo de datos será necesario obtener el consentimiento del afectado, que deberá ser específico, informado, inequívoco y, en algunos casos, explícito. El consentimiento no será necesario cuando el tratamiento de los datos por parte de la empresa obedezca a un interés legítimo (por ejemplo, actividades de *marketing* directo, para la mejora de actividades o la prevención de fraudes).
- Transferencia de datos y derecho al olvido: establece el derecho a la portabilidad y el derecho al olvido. De esta manera, un consumidor puede pedirle a una empresa a la que le contrató un servicio que le entregue todos sus datos personales (como la portabilidad del número de móvil al cambiar de empresa). En cuanto al derecho al olvido, es aquel que tiene cada persona de borrar sus propios datos

personales, eliminarlo o bloquearlo (dar de baja ciertas fotos o información de la red social y que no permanezcan visibles en otros lados).

- Seguridad y trazabilidad: se orienta a los proveedores de bienes y servicios que manipulan datos en cualquiera de sus formas. Para determinados procesos de datos, deben crearse mecanismos de certificación definidos por la ley, con el objeto de disminuir el riesgo legal e incrementar la confianza de los clientes. La trazabilidad implica que ante cualquier conflicto se puedan seguir los pasos del proceso (que quede guardado qué y cómo han manejado nuestros datos).

Estos son los tres pilares que debemos cuidar y vigilar en relación con nuestros datos, y tomar las medidas preventivas necesarias para resguardarlos. En el acceso a los distintos sistemas está ligado el concepto de consentimiento. Al hacer uso de redes sociales y dispositivos del IoT, debemos prestar especial cuidado a los términos y condiciones de uso, para ver cómo almacenarán nuestros datos y qué harán con ellos. Si compramos un reloj inteligente y lo usamos para realizar deportes, entrenar y registrar

Al hacer uso de redes sociales y dispositivos del IoT, debemos prestar especial cuidado a los términos y condiciones de uso, para ver cómo almacenarán nuestros datos y qué harán con ellos.

nuestras caminatas, esos datos marcan no solo valores de nuestra salud (ritmo cardíaco, resistencia a esfuerzo, condiciones aeróbicas) sino también hábitos, costumbres, horarios y lugares que frecuentamos, entre otros. Esta colección de datos debidamente organizada y cruzada con otros que se puedan obtener de nuestras redes sociales, podrían dar un conocimiento acabado de nuestra rutina, horarios en los que estamos en casa, en la oficina o el gimnasio. Esto obliga a tomar conciencia, conocer las reglas del juego y el campo en que se desarrolla, para jugar la partida haciendo el mejor uso de los recursos, protegiéndonos y minimizando los riesgos en todo sentido.

Para proteger nuestra privacidad debemos tener la precaución de no dar datos sensibles (como el domicilio, número telefónico, detalles laborales o composición familiar) al registrarnos en las *apps*, sitios web o cosas del IoT, a no ser que sea estrictamente necesario, y en esos casos, debemos asegurarnos de que estarán protegidos y no serán divulgados. Esto es parte de la concienciación de ciberseguridad en el uso de la tecnología. El comportamiento a tener en cuenta es poner la mínima cantidad de datos personales (y solo los estrictamente necesarios) al registrarnos en cualquier *app*.

Tomando el ejemplo de la aspiradora robot, al realizar la registración en la *app* del móvil para poder controlarla en forma remota, se nos pide permiso para acceder a la cámara de fotos, a nuestros contactos y quizás a alguna otra aplicación. ¿Es necesario que esa *app* acceda a la cámara y tome fotos? ¿Y que conozca mis contactos y sus datos? ¿Eso hará que mi aspiradora limpie mejor? Obviamente, la respuesta correcta es denegar el pedido. Si aceptáramos, estaríamos dando acceso en forma explícita, y en consecuencia, nuestro consentimiento de uso sería también explícito. La razón por la cual las aplicaciones y los sitios de

internet solicitan estas cosas de manera explícita es porque así cumplen con la GDPR.

Con las cámaras de vigilancia, muy utilizadas en las ciudades inteligentes y en el hogar, pasa algo similar. Ya mencionamos que se usan para el cuidado y vigilancia de los niños. Bueno, ya hubo un caso de intrusión en la privacidad, dado por la baja ciberseguridad puesta en el sistema –o mejor dicho, por la falta de concienciación y configuración por parte de los padres–: un pirata informático hackeó el sistema de cámaras a través del wifi del hogar, se hizo pasar por Papá Noel e instó a una niña a desordenar y romper cosas en su habitación.

«Soy Papá Noel»: un pirata informático accede al sistema de cámara de seguridad de la habitación de una niña de 8 años (*El País*).

Así, existen numerosos ejemplos de aplicaciones que se han distribuido en forma gratuita y se han viralizado en el mundo en cuestión de días u horas, en diferentes idiomas y culturas, cuyo único objetivo era la recopilación de datos estadísticos, para luego ser usados como conocimiento y sabiduría para desarrollar aplicaciones más exactas y optimizar algoritmos. Una de las más resonantes fue Face App, creada por una empresa rusa. Generaba imágenes muy realistas de un rostro más viejo o más joven, o cambiando el género, en base a una foto *online* o utilizando una foto antigua, para ver si coincidía el resultado con cómo nos veíamos. Fue muy cuestionada por la privacidad de las imágenes que la

gente se tomaba o proporcionaba mediante una fotografía. Otra *app* que tuvo sus quince minutos de fama y coleccionaba datos e imágenes de la gente utilizándola como sensores fue la muy famosa Pokemon Go, que combinaba realidad aumentada en el móvil e invitaba a cazar pokemones en el barrio, mientras recopilaban datos de imágenes y geolocalización.

Por este motivo, debemos hacer valer esa frase de nuestros abuelos que hoy recupera vigencia: «Cuando la limosna es grande, hasta el santo desconfía». Desconfiemos de toda aplicación gratuita y revisemos si ofrece algo útil sin pedir a cambio algo que no es necesario.

Vulnerabilidad: una debilidad que
pone en riesgo todo el sistema.

VULNERABILIDADES

Todos los dispositivos del IoT poseen componentes de hardware
y de software, como ya hemos visto. Al hablar de riesgos, hablamos de vulnerabilidades relacionadas con la falta de capacidad
para resistir o repeler una amenaza, o sea, una debilidad. En este
caso, las vulnerabilidades del IoT están vinculadas a las debilidades inherentes en las partes que lo componen, es decir, su hardware y software. Y aunque están presentes, no siempre son descubiertas o conocidas, y el problema surge cuando salen a la luz y
quedan expuestas.

Cuando esto sucede, los desarrolladores de sistemas opera-
tivos (Windows, por ejemplo) y de aplicaciones liberan nuevas
versiones (en algunos casos, también denominados parches) para
corregir esos errores y debilidades. De esta manera, lo antes posible, los usuarios deben actualizar sus dispositivos para quedar
cubiertos frente a esa vulnerabilidad. Es muy importante estar
atentos a estos lanzamientos y realizar las actualizaciones en
forma inmediata, ya que es una manera de proteger la identidad y
la privacidad, y evitar accesos no deseados por explotación de las
vulnerabilidades de los dispositivos.

95

RETOS Y DESAFÍOS DEL IOT

Autonomía, conectividad e infraestructura

La interoperabilidad de las cosas debe agregar valor, desarrollo y progreso a nuestras vidas individuales y a las comunidades.

Más allá de los riesgos, amenazas y vulnerabilidades, el IoT enfrenta grandes desafíos y retos que debe sortear exitosamente para poder avanzar, progresar e instalarse con la madurez y confiabilidad necesarias que le permitan perdurar. Uno de ellos es asegurar la privacidad de los datos que maneja, más allá de cumplir con la GDPR. Los otros son de desarrollo tecnológico: la autonomía de energía, el ancho de banda y la disponibilidad de conectividad, la calidad de los sensores y, como derivado de estos, la existencia de una infraestructura que permita el acceso a internet con el ancho de banda suficiente.

La autonomía energética es el reto para el IoT. Desde los automóviles eléctricos hiperconectados hasta los dispositivos móviles que llevamos encima. El desafío es el desarrollo de baterías durables, de alta capacidad, no contaminantes, pequeñas y livianas. Y en los casos de dispositivos IoT que deban estar conectados en forma permanente, como las ciudades inteligentes, el desarrollo de paneles solares para poder darles energía sustentable, barata, renovable y permanente. Este es el gran reto para los fabricantes de baterías.

El ancho de banda y la conectividad disponible en todos lados es otro desafío que deben afrontar las empresas de infraestructura que brindan acceso a la red. El ancho de banda se vuelve fundamental en las aplicaciones de películas y series a la carta (como Netflix) y de música (Spotify), así como para el envío y la transferencia de grandes archivos. Para el caso del IoT, la cantidad de datos a transmitir es menor, razón por la cual, más que el ancho de banda, se torna fundamental la conectividad en sí misma, el hecho de tener acceso a la red en todo momento. Es crucial para controlar u operar los IoT en forma remota y conocer los datos que se hayan recopilado para nosotros. La conectividad

98

Diferentes expertos alertan acerca de la importancia de que el diseño de las ciudades inteligentes se realice con un equipo multidisciplinario, para planificar el futuro de las urbes, y debe incluir como disciplina fundamental la ciberseguridad.

DATOS QUE CIRCULAN POR LA INFRAESTRUCTURA DE INTERNET EN TAN SOLO I MINUTO (2018)

en sí misma es el principal desafío: que esté disponible en forma continua, sin cortes ni demoras ni «apagones», no solo en la mayor parte del territorio ocupado por las urbes, sino en todas las zonas oscuras o sin conexión dentro de ellas. Esto implica fuertes inversiones en construir y mantener una infraestructura que sea escalable, para poder crecer exponencialmente y brindar el servicio necesario a todo IoT. En la actualidad, en tan solo un minuto del día, se realizan cerca de 4 millones de búsqueda en Google, 38 millones de mensajes de WhatsApp y 190 millones de *mails*. Una muestra de lo que circula por la infraestructura que da sostén a internet en el mundo.

El 5G promete conectar todo con todo (IoE), proporcionando el ancho de banda y la disponibilidad requeridos para la instantaneidad.

Otro reto es la calidad y la sensibilidad de los sensores. Cuanto más precisos sean y menor sea su error, más exacta será la medición, y en consecuencia, mejor se los puede configurar y utilizar, evitando los molestos falsos positivos y los indeseables positivos no detectados. Un falso positivo es la identificación errónea de una medición en un rango dado, por ejemplo, en una cámara de TV configurada para detectar movimiento, un falso positivo sería que identifique un cambio de luz por la salida repentina del Sol de atrás de una nube como un movimiento, y eso dispare una alarma. Esto se soluciona con mejores lentes que puedan diferenciar a través del software un movimiento de un cambio lumínico. También se utiliza este término al referirnos a una detección errónea de un archivo por parte de un antivirus, dando así lugar a una detección positiva equivocada o falsa. Los positivos no detectados son más graves, ya que esconden una situación que debió ser identificada y no lo fue. En el caso de una cámara, implicaría no detectar un movimiento cuando en realidad hay una intrusión. Esto se puede deber a una falta de calidad en las lentes ya que su sensibilidad es muy pobre y hay movimientos que no detecta, o bien por falta de calidad en el desarrollo del software.

Las industrias proveedores de bienes y servicios de las cosas del IoT tienen el desafío de estar a la altura de las necesidades para que sea posible su desarrollo en tiempo y forma, sin convertirse en un cuello de botella o en un freno al avance. La llegada de la tecnología 5G promete librar muchas de estas batallas con su fácil capilaridad y gran ancho de banda disponible, lo cual iremos presenciando en su despliegue en ciernes.

EL RETO DE LA CIBERSEGURIDAD

101

Diferentes expertos alertan acerca de la importancia de que el diseño de las ciudades inteligentes se realice con un equipo multidisciplinario, que cuente con arquitectos y expertos en movilidad, para planificar el futuro de las urbes. Además, debe incluir como disciplina fundamental la ciberseguridad.

Una ciudad inteligente será más productiva, participativa, segura y transparente si se toman las medidas de protección correctas (preventivas y de vigilancia principalmente) frente a ataques, vulnerabilidades o cualquier fallo tecnológico. En Santander, por ejemplo, se han tomado las precauciones necesarias para minimizar y evitar este tipo de incidencias, para lo cual, como medida de prevención, se armó una infraestructura aislada, con una red propia del ayuntamiento. Esta es una decisión de buenas prácticas, que siguen normativas internaciones de ciberseguridad y sus recomendaciones, como la de separar redes que transporten información de diferente clasificación. Claramente, la información del IoT de todos los ciudadanos que pueda ser transportada por la red de la ciudad inteligente –para permitir la movilidad y acceso remoto a sus aplicaciones y cosas– no tiene por qué ser compartida con una red en la cual el ayuntamiento transporta información privada y hasta confidencial. De esta manera se protege al ayuntamiento y se pueden dar distintos niveles de ciberseguridad a ambas redes, lo cual tiene relación directa con el presupuesto asignado. Muchas preguntas surgen acerca de los desarrolladores y constructores referidas a la responsabilidad de la ciberseguridad en el diseño, como cuáles son las mejores prácticas que los ingenieros y desarrolladores deben implementar al diseñar dispositivos del IoT o qué contenidos, conocimientos y recursos educativos debemos utilizar para enseñar a los ingenieros y desarrolladores cómo construir un IoT más seguro.

En resumen, cada uno de nosotros, usuarios del IoT, debe prestar especial atención a varios aspectos. Uno de ellos es, inmediatamente después de haber adquirido un producto, cambiar el ID y la clave que vienen por defecto, siguiendo las recomendaciones de usar al menos una mayúscula, una minúscula y un número o símbolo, ya que eso fortalece la calidad de la contraseña. Luego, es recomendable cambiar estas claves cada cierto período de tiempo, que puede ser entre 45 y 60 días, y en los casos que sea posible, utilizar al menos dos factores de autenticación, como hemos visto. También es importante revisar los términos y condiciones, así como prestar mucha atención a los recursos y solicitudes de datos de las aplicaciones, negando aquellas que no sean estrictamente necesarias para el funcionamiento de la cosa, otro de los pilares sobre los que construiremos una buena defensa de nuestra privacidad. Revisar la configuración de cada dispositivo o aplicación y ver la exposición que hace de esos datos, por ejemplo, si tiene configurado publicarlos en redes sociales y nos solicita el usuario y contraseña. En muchos casos, las aplicaciones después pueden acceder a nuestra lista de amigos en esas redes y conocer nuestras relaciones sociales. Recordemos además los temas de consentimiento y de ser dueños de dónde se usan o transfieren nuestros datos. Revisar periódicamente las versiones que los propietarios de hardware y desarrollo de software liberen al mercado para tener nuestros dispositivos actualizados frente a posibles vulnerabilidades que son descubiertas día a día y solucionadas por los fabricantes sacando nuevas versiones y parches.

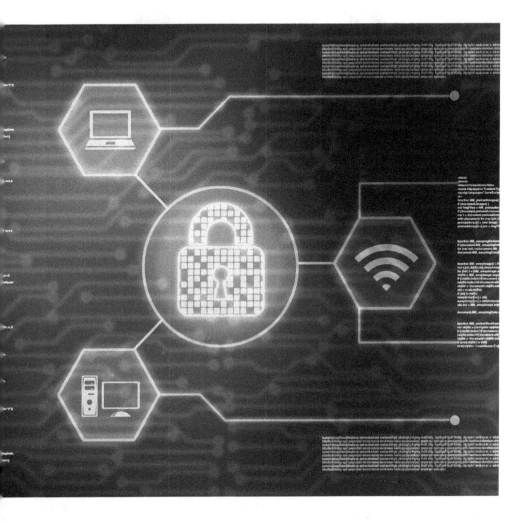

Con estas simples precauciones en la contraseña del wifi, en el usuario y la contraseña del sistema de cámaras, configurándolos a conciencia para robustecer la ciberseguridad, podemos evitarnos grandes dolores de cabeza. Así como en la vida diaria en el mundo físico –ese que llamamos «real» para diferenciarlo del virtual o digital– somos conscientes de sus peligros y amenazas, y de nuestras debilidades, y en consecuencia tomamos las medidas preventivas y de vigilancia necesarias para estar tranquilos, en el mundo del IoT e internet en general debemos tener la misma concienciación acerca de la ciberseguridad, y tomar medidas preventivas, monitorear y conocer las vulnerabilidades de los dispositivos.

10 PASOS PARA LOGRAR LA CIBERSEGURIDAD

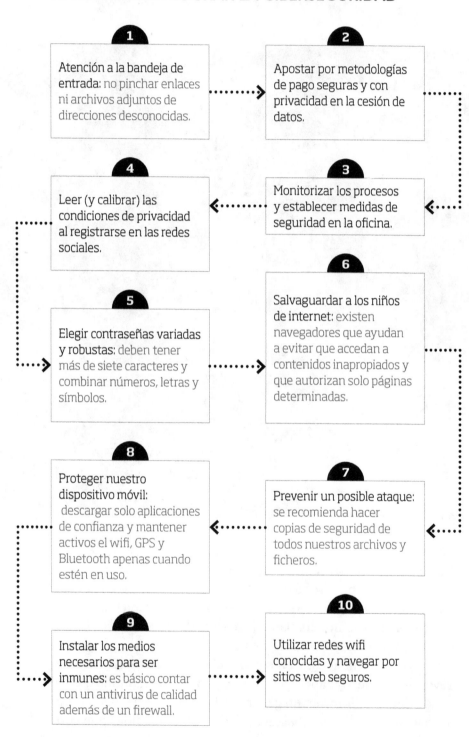

1 Atención a la bandeja de entrada: no pinchar enlaces ni archivos adjuntos de direcciones desconocidas.

2 Apostar por metodologías de pago seguras y con privacidad en la cesión de datos.

3 Monitorizar los procesos y establecer medidas de seguridad en la oficina.

4 Leer (y calibrar) las condiciones de privacidad al registrarse en las redes sociales.

5 Elegir contraseñas variadas y robustas: deben tener más de siete caracteres y combinar números, letras y símbolos.

6 Salvaguardar a los niños de internet: existen navegadores que ayudan a evitar que accedan a contenidos inapropiados y que autorizan solo páginas determinadas.

7 Prevenir un posible ataque: se recomienda hacer copias de seguridad de todos nuestros archivos y ficheros.

8 Proteger nuestro dispositivo móvil: descargar solo aplicaciones de confianza y mantener activos el wifi, GPS y Bluetooth apenas cuando estén en uso.

9 Instalar los medios necesarios para ser inmunes: es básico contar con un antivirus de calidad además de un firewall.

10 Utilizar redes wifi conocidas y navegar por sitios web seguros.

CONCLUSIONES

El IoT adquiere gran importancia porque se trata de la primera evolución real de internet, un salto que conduce a aplicaciones revolucionarias con el potencial de mejorar radicalmente la manera en que las personas viven, hacen las cosas, aprenden, trabajan y se entretienen. El IoT ha logrado que internet sea sensorial (temperatura, presión, vibración, luz, humedad, estrés), lo que nos permite ser más proactivos/preventivos y menos reactivos. A su vez, se expande hacia lugares que hasta el momento eran inalcanzables. Es posible colocar sensores muy pequeños en plantas, animales y fenómenos geológicos y conectarlos a internet. Está inserto en un contexto donde las redes son dispares y una multitud de sensores se vinculan e interactúan entre sí en el marco de un conjunto de normativas comunes. Esto requerirá una labor conjunta entre empresas, gobiernos, entidades especializadas en el dictado de normas y también del área académica. Todos ellos, con un objetivo claro en común: crear un marco normativo que facilite las cosas y permita desarrollar estándares para la interacción y el intercambio de datos.

Así, para que el IoT verdaderamente tenga aceptación del público en general, los proveedores de servicios e infraestructura, así como otras entidades, deberán brindar aplicaciones que aporten valor tangible a la vida de las personas. El IoT no debe representar un avance de la tecnología por sí mismo ni porque sí; es necesario que exista y se demuestre su valor desde el punto de vista humano. En conclusión, el IoT representa la evolución de internet que estamos viviendo. Dado que la humanidad avanza y evoluciona convirtiendo los datos en información, conocimiento y sabiduría, el IoT posee el potencial para cambiar el mundo tal como lo conocemos, las formas de hacer muchas cosas, hábitos y costumbres, y todo para mejor.

Si bien continuamente se realizan grandes progresos en cuanto a normativas, se necesita profundizar aún más en el tema, especialmente en las áreas de ciberseguridad, privacidad, arquitectura y comunicaciones. Existen entidades que se dedican al desarrollo de normativas en las que participan profesionales del gobierno y de empresas privadas, que logran normas de alto nivel y calidad con participación mixta. Muchas luego son tomadas por organismos de gobierno que se ocupan de regular las actividades de distintas industrias como de cumplimiento obligatorio, al darles carácter de ley, subiendo así los niveles de ciberseguridad. Podemos tomar como ejemplo el marco normativo desarrollado por ISA (International Society of Automation), que muchos países, como Estados Unidos, han considerado como referencia para la determinación de cumplimientos de pautas mínimas de ciberseguridad.

Las visiones más optimistas –casi utópicas– del IoT aseguran que, si todas las cosas del mundo están interconectadas, se podría tener controlado el *stock* de los bienes de manera tal que nunca falte nada en ninguna parte: libros, comida, medicinas y hasta energía eléctrica. Esto conlleva que los usuarios

La concienciación acerca de cómo usar la
tecnología es el primer paso para actuar
en un mundo ciberseguro.

se vean cada vez más forzados a compartir información acerca
de su comportamiento. Otro concepto que comienza a tomar
forma es el de pólizas de seguro basadas en el comportamiento
del asegurado. De esta manera, cada día habrá más información
sobre nuestros hábitos subidos a internet que la que podamos
racionalizar nosotros mismos.

Los mayores avances en el IoT se pueden ver en las grandes
fábricas (para controlar maquinarias y mercaderías), en el *marketing* y en la relación de las marcas con los usuarios. Antes las
empresas estaban acostumbradas a hablar con el cliente cuando
tenía una queja sobre un producto, pero ahora los aparatos envían
automáticamente información de su comportamiento, y a eso se
le suma el monitoreo de las redes sociales, con lo cual las compañías pueden tener una idea mucho más precisa de quién compra,
cómo lo usa y cómo le resulta la experiencia.

Sin embargo, la revolución del IoT puede ir mucho más allá de
la información que las personas acepten compartir. Las empresas
de transporte de electricidad han instalado sensores inteligentes
y ahora pueden medir y predecir el consumo de la red. Cuando
un lavaplatos o un lavarropas tengan presencia en internet siendo
productos del IoT, podrán –en un caso extremo y contando con una
aprobación previa– apagarlos si la demanda de energía es muy ele-
vada y así regular el suministro por zonas.

¿El Estado debería regular esto? El alcance ético de esta explosión de datos claramente no tiene una aceptación unánime, aun
entre aquellos que están del mismo lado del mostrador. Mientras
siga aumentando el número de cosas conectadas, más van a contri-
buir con datos de la realidad; el tema principal es cómo hacer esto
de la manera menos invasiva e incómoda. Deben ser muy transpa-
rentes con lo que se vaya a hacer con esa información, ya que una
vez que la confianza es violada, no hay vuelta atrás. Una empresa
de telecomunicaciones argentina realizó una prueba de un sistema

La ciberseguridad y el buen uso del IoT están en nuestras manos.

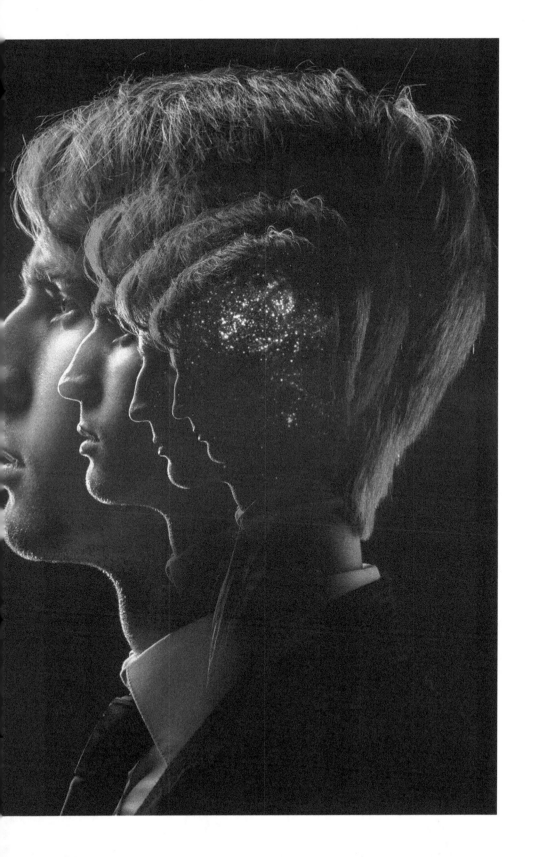

de alertas que le enviaba un mensaje a una persona cuando pasaba por la puerta de un negocio. Era del estilo: «Ayer compraste una impresora por internet, aquí podrás comprar los cartuchos». La idea fue descartada en muy poco tiempo por ser considerada invasiva. Habrá que ver cómo evoluciona esto y cuánto tiempo transcurre para que consideremos que algo así nos agrega valor y ayuda a hacer más fácil nuestra vida diaria.

Una compañía automotriz muy importante ha declarado tener muy en claro que la información producida por un automóvil pertenece al cliente. Para ella el desafío es cómo crear un escenario donde el usuario vea como una ventaja el hecho de compartir toda esa información, ya que hoy existe la tecnología para medir la *performance* como conductor y compartirla con la compañía de seguros, que hará un descuento en la póliza por buen desempeño en las calles y autopistas. Es solo cuestión de que las automotrices y empresas de seguro logren un acuerdo (siempre a través del usuario del automóvil), ya que todas las partes estarían sacando un provecho al compartir esos datos.

La población mundial está envejeciendo, pero a la vez aumenta su esperanza de vida. De hecho, hacia mediados del siglo XXI alrededor de 1.000 millones de personas mayores de 65 años estarán calificadas como en «edad no laboral». El IoT puede mejorar significativamente la calidad de vida para el creciente número de personas mayores. Imaginemos un dispositivo pequeño que pueda incorporarse de forma no intrusiva a nuestro cuerpo, para que detecte los signos vitales y envíe una alerta a un profesional de medicina cuando se alcancen ciertos umbrales determinados, o que pueda percibir si una persona se ha caído y no puede levantarse (este dispositivo ya existe y se llama «dispositivo hombre muerto»; se utilizó originariamente en ferrocarriles para detener el tren en forma automática y programada en caso de que el conductor se desvaneciera o ausentase de la cabina). Así el IoT se convertirá en ese

El IoT se convertirá en ese Gran Hermano que todo lo ve, ya que no solo tiene ojos sino también datos de todo lo que usamos y hacemos.

Gran Hermano que todo lo ve, ya que no solo tiene ojos sino también datos de todo lo que usamos y hacemos. Del Internet de las Personas hemos pasado al Internet de las Cosas, donde las personas siguen teniendo el control y utilizan a las cosas como un medio más para estrechar y mejorar la comunicación con otras personas. Ahora vamos camino al Internet de Todo con Todo (Internet of Everything, IoE). Siempre el todo es más que la suma de sus partes, por eso esta interrelación humanos-cosas debe agregar valor a nuestras vidas y brindarnos desarrollo y progreso.

Cada día más, las personas nos convertimos en guardianes de la Tierra y sus recursos, y todos deseamos tener vidas saludables, plenas y confortables. Combinando este proceso de transformar datos masivos en sabiduría con la forma en que las personas procesamos la información, la humanidad tendrá el conocimiento y la sabiduría necesarios no solo para sobrevivir sino para mejorar y prosperar en los tiempos venideros.

El IoT llegó para quedarse, para mejorar nuestras vidas, generar nuevos trabajos, y dejarnos más tiempo libre al ocuparse de tareas programadas y mecanizadas. Que todo esto se cumpla de la mejor manera posible sigue dependiendo de nosotros, los humanos, pues somos quienes marcamos los límites y, al menos por ahora, seguimos teniendo el control de elegir conectarnos a esta ola IoT.

111

GLOSARIO

Arduino. Compañía de desarrollo de software y hardware libre que diseña y manufactura placas de desarrollo de hardware para construir dispositivos digitales y dispositivos interactivos. Su objeto es acercar y facilitar el uso de la electrónica y la programación de sistemas embebidos en proyectos multidisciplinarios.

ARPANET. Sigla de Advanced Research Projects Agency Network, la red de la Agencia de Proyectos de Investigación Avanzados de Defensa creada por encargo del Departamento de Defensa de los Estados Unidos como medio de comunicación entre las diferentes instituciones académicas y estatales.

5G. Sigla de la quinta generación de tecnologías de telefonía móvil, sucesora de la tecnología 4G. Permite navegar en dispositivos móviles a 1.2 gigabits por segundo.

Confidencialidad. Garantiza que la información será protegida para no ser divulgada sin consentimiento del propietario, creador o afectado directamente por ella.

Falso positivo. Es la detección de un archivo como virus (o alguna otra clase de malware) por parte de un antivirus cuando en realidad no lo es. Estos errores no son frecuentes.

GDPR. Sigla de General Data Protection Regulation, el reglamento europeo sobre la protección de las personas físicas en cuanto al tratamiento de sus datos personales, que entró en vigencia el 25 de mayo de 2016 y fue de aplicación efectiva el 25 de mayo de 2018.

IoE. Sigla de Internet of Everything, es decir, «Internet de Todo». Es la evolución natural del IoT. Extiende el alcance de Internet de las Cosas (IoT) hacia las comunicaciones de máquina a máquina (M2M, *machine to machine*) para describir un sistema más complejo que también abarca a personas y procesos.

IPTV. Sigla de Internet Protocolo Television, un sistema de distribución de señales de TV por suscripción, que utiliza conexiones de banda ancha sobre el protocolo IP.

PLC. Sigla de controlador lógico programable Programmable Logic Controller. Es una computadora utilizada en la ingeniería automática y en la automatización industrial.

PoE. Sigla de Power over Ethernet. Es la alimentación a través de Ethernet, que permite suministrar energía a los dispositivos conectados a una red LAN, sin necesidad de instalar un circuito eléctrico independiente.

Privacidad. Ámbito de la vida privada de una persona que tiene derecho a proteger de cualquier intromisión exterior no deseada.

Raspberry. Computadora de placa única de bajo costo, desarrollado en el Reino Unido por la Raspberry Pi Foundation, con el objetivo de estimular la enseñanza de informática en las escuelas.

RFC. Sigla de Request for Comments. Conforma la documentación de protocolos y tecnologías de internet, que son mantenidas por IETF (Internet Engineering Task Force), y están accesibles online, sin restricciones.

SSID. Sigla de Service Set Identifier. Es la secuencia de caracteres que da nombre a la red wifi que vemos al buscar redes disponibles. Se puede proteger una red inalámbrica desactivando la difusión del SSID.

TCP/IP. Sigla de Transmission Control Protocol / Internet Protocol. Dos de los protocolos más importantes que componen internet. Fueron los primeros en definirse y son los más utilizados.

Wearable o vestibles. Del inglés *wearable technology*, son dispositivos electrónicos inteligentes incorporados a la vestimenta o usados corporalmente como implantes o como accesorios que pueden actuar como extensión del cuerpo o la mente del usuario.

BIBLIOGRAFÍA RECOMENDADA

- Dave, E. **Internet de las cosas. Cómo la próxima evolución de Internet lo cambia todo**. Cisco Internet Business Solutions Group (IBSG), San José, 2011.

- El País. **Santander, referente internacional de ciudades inteligentes**. 29 de julio de 2019 [https://bit.ly/39myYLn].

- ENISA. **Baseline Security Recommendations for IoT in the context of Critical Information Infrastructures**. European Union Agency for Network and Information Security, Athens, Greece, 2017.

- **Good Practices for Security of IoT. Secure Software Development Lifecycle.** European Union Agency for Network and Information Security, Athens, Greece, 2019.

- Hung, M. **Leading the IoT**. Gartner, 2017.

- INCIBE [www.incibe.es].

- iProUP. **Amazon Go, en primera persona: un recorrido por el mercado sin cajas que es furor en Estados Unidos**. 20 de diciembre de 2018 [https://bit.ly/2SvOHAP].

- La Razón. **Así se reinventa Decathlon**. 19 de noviembre de 2019 [https://bit.ly/37ekcot].

- Rose, K., S. Eldridge y L. Chapin. **Internet de las cosas. Una breve reseña**. Internet Society (ISOC), Reston, 2015.

114

TÍTULOS DE LA COLECCIÓN

Inteligencia artificial
Las máquinas capaces de pensar ya están aquí

***

Genoma humano
El editor genético CRISPR y la vacuna contra el Covid-19

***

Coches del futuro
El DeLorean del siglo XXI y los nanomateriales

***

Ciudades inteligentes
Singapur: la primera smart-nation

***

Biomedicina
Implantes, respiradores mecánicos y cyborg reales

***

La Estación Espacial Internacional
Un laboratorio en el espacio exterior

***

Megaestructuras
El viaducto de Millau: un prodigio de la ingeniería

***

Grandes túneles
Los túneles más largos, anchos y peligrosos

***

Tejidos inteligentes
Los diseños de Cutecircuit

***

Robots industriales
El Centro Espacial Kennedy

***

El Hyperloop
La revolución del transporte en masa

***

Internet de las cosas
El hogar inteligente

***

Ciudades flotantes
Palm Jumeirah

***

Computación cuántica
El desarrollo del qubit

***

Aviones modernos
El Boeing 787 y el Airbus 350

***

Biocombustibles
Ventajas y desventajas en un planeta sostenible

***

Trenes de levitación magnética
El maglev de Shanghái

***

Energías renovables
El cuidado y el aprovechamiento de los recursos

***

Submarinos y barcos modernos
El Prelude FLNG

***

Megarrascacielos
Los edificios que conquistan el cielo

***

www.ingramcontent.com/pod-product-compliance
Lightning Source LLC
Chambersburg PA
CBHW070841070326
40690CB00009B/1639